주식 거인들에게 배우는

잃지 않는 투자 원칙 49

주식 거인들에게 배우는

잃지 않는 투자 원칙 49

지은이 김명환
펴낸이 이종록 펴낸곳 스마트비즈니스
등록번호 제 313-2005-00129호 등록일 2005년 6월 18일
주소 경기도 고양시 일산동구 정발산로 24, 웨스턴돔타워 T4-414호
전화 031-907-7093 팩스 031-907-7094
이메일 smartbiz@sbpub.net
ISBN 979-11-6343-035-3 03320

초판 1쇄 발행 2021년 4월 1일
초판 2쇄 발행 2021년 4월 22일

주식 대가들의 '원금보전 투자 철학'을 배운다!

주식 거인들에게 배우는

잃지 않는 투자 원칙 49

| 김명환 지음 |

Sb
smart business

머리말

주식 대가들의 '원금보전 투자 철학'을 배운다!

"돈이 많은 사람은 투자할 수 있다. 돈이 조금밖에 없는 사람은 투자해서는 안 된다. 그러나 돈이 전혀 없는 사람은 반드시 투자해야 한다."

필자가 가장 좋아하는 주식 격언 중 하나고 투자의 길로 들어선 이유다. 그러나 주식 투자 초보 시절, 필자의 투자 행태는 부끄러움을 넘어 참혹했다.

- 주식 투자를 정석으로 배우지 않아, 투자가 아닌 '투기로 하고 있는 투자자!'
- 잃지 않는 것보다 버는 것을 먼저 배워 '계속 손실을 보는 투자자!'
- 주가가 오르기 때문에 매수하는 '어리석은 투자자!'
- 아침에는 곰(매도자)이지만 장 마감 후에는 황소(매수자)가 되어 있는 '부화뇌동형 투자자!'
- 자신만의 투자법이 없어 주가가 내리면 '심리가 흔들리는 투자자!'

- 인터넷에 흘러 다니는 뉴스를 보면서 '적당히 매수하는 투자자!'
- 한 종목에 꽂혀 물불 안 가리고 '몰빵하는 투자자!'
- 주식 카페나 유튜브에서 추천하면 '바로 다음 날 사는 투자자!'
- 감정을 통제하지 못해 하루에도 수없이 '매수와 매도를 반복하는 투자자!'
- 주식을 매매할 때, 몇 분 만에 결정해 버리는 '충동 매매 투자자!'
- 투자금을 가만히 놔두지 못하고 안달하면서 '사고파는 투자자!'
- 주식은 한 방이라고, 오직 '대박만을 노리는 투자자!'
- 본전 심리를 이기지 못해 '손절매를 못하는 투자자!'
- 여윳돈이 아닌 목적이 있는 돈으로 투자하여 '항상 쫓기는 투자자!'
- 한 번의 요행을 실력으로 알고 의기양양하여 '공부하지 않는 투자자!'
- 지켜야 할 게 많으면서도 무조건 '공격적으로 하는 투자자!'
- 주식 투자가 삶의 1순위가 되어 '가족의 행복지수가 바닥인 투자자!'

당연히 필자의 주식 투자 결과는 수수료를 제외하고 나면, 수익은 손톱 만큼이고 손실은 주먹 만큼이었다.

그래서 고집쟁이가 아닌 줏대 있는 투자자가 되길 간절히 원했다.

그래서 절대 잃지 않는 투자를 하는 주식 거인들의 투자 원칙들을 찾아 기본부터 다시 공부했다.

그래서 중요하다고 생각되는 원칙들은 머리에 담고, '바로 이거다!'라고 생각되는 두세 가지의 원칙은 가슴에 새기고 이를 악물고 실천했다.

그래서 지금은 돈이 전혀 없는 사람들에게 반드시 주식 투자를 하라고 권한다.

여러분은 지금 투기를 하고 있는가? 투자를 하고 있는가?

앙드레 코스톨라니는 투기의 역사를 이렇게 표현했다.

"건달이 태어났으며, 그는 게임을 하며 따기도 하고 또는 잃기도 하지만 절대로 죽지는 않는다. 증권 산업이 건달을 불러모으는 첫 번째 미끼는 바로 돈이다."

워런 버핏은 '오마하의 현인'이라 불리며, 조지 소로스는 '악랄한 환투기꾼'이라 불린다. 불리는 칭호만 다를 뿐 버핏도 소로스도 돈을 잃지 않는다.

주식 시장은 주정뱅이부터 부호까지 그리고 투자자와 투기꾼이 공존하는 공간이다. 현명한 투자자든, 현명한 투기꾼이든 "돈을 잃지 말라."고 말하고 싶다. 그러기 위해서는 우선은 알아야 한다. 그 첫 번째가 '기본에 충실하라'는 것이다. 그래야 투자를 하든 투기를 하든, 선택을 할 수 있고 잃지 않는 매매를 할 수 있다.

물음 하나, 투자 원칙은 세웠는가?

미숙한 투자자들은 전문가는 뭔가 특별한 매매 전략이 있을 거라고 오해한다. 과연 그럴까?

잭 웰치는 "단순해져라." 하고, 워런 버핏은 "투자란 IQ 160인 사람이 IQ 130인 사람을 이기는 게임이 아니다."라고 하면서 모두가 알 수 있는 단순한 매매 원칙을 정립하라고 권한다. 즉 투자 원칙은 투자자가 꺼트리지 말아야 할 성화인 것이다.

물음 둘, 언제 살 것인가?

랄프 웬저는 “시장의 타이밍을 맞출 수 없다.”라고 하면서 “오로지 쌀 때 매수하라.”고 한다. 그렇다면 쌀 때는 언제인가?

세스 클라먼은 “때때로 기관 투자가들은 육중한 악마처럼 몇몇 주식을 기업 가치 대비 엄청난 바겐세일 수준으로 짓밟아놓기도 한다.”라고 말한다. 우리는 그런 회사를 사야 하고 감정적인 매도자들이 제공하는 기회를 최대한 이용해야 한다. 역사적으로 하락이 크면 상승도 컸다는 사실을 잊어서는 안 된다.

물음 셋, 언제 팔 것인가?

앙드레 코스톨라니는 “언제나 가장 높은 가격에 판다.”라는 사람들을 거짓말쟁이로 규정하고 있고, 톰 디마크는 “시장의 고점은 마지막 매수자가 매수를 했기 때문에 만들어진다.”라고 말한다. 즉 원칙을 세우고 지켜 나가야 하는 이유를 강조하고 있다.

물음 넷, 보유할 것인가?

워런 버핏은 “어떤 주식을 10년 동안 보유하지 않으려면 단 10분도 가지고 있을 생각을 하지 말아야 한다.”라고 했고, 앤서니 볼턴은 “보유한 주식의 목표 가격을 설정하는 대신 투자 근거를 재검토하라.”고 당부한다. 또한 게리 카민스키는 “승자는 계속 보유하고 패자는 팔라.”고 한다.

물음 다섯, 손절매를 할 것인가?

“영결 나팔소리가 울리고 있는데 다시 돌아올 것이라는 환상을 품지 마라. 이미 끝난 주식에 미련을 갖지 마라.”

피터 린치의 말이다. 손절매는 매몰비용과 같다. 다시 되돌릴 수 없는 비용이며, 잘못 투자하여 회수가 불가능한 투자 자금은 잊으라고 권한다.

☆☆☆

에베레스트보다 더 험난하고 위험한 투자의 고지, 그런 투자의 세상이 두려운가?

하지만 걱정 마시라. 투자의 정상을 향해 오르는 독자들에게 셰르파가 되어 줄 책이 지금 당신 앞에 있으니 말이다.

주식 투자의 거인들이 남긴 투자 원칙들은 우리가 정말 알고 싶고, 듣고 싶은 이야기다. 그들의 이야기를 자주 접하면 접할수록 우리도 그들을 닮아 가게 될 것이다. 그들의 생각과 판단, 분석 능력을 닮아 간다는 이야기다. 이렇게 책을 통해 우리는 투자의 두뇌를 만들어갈 수 있다.

과거의 위대한 주식 선배들이 가르쳐준 주식 투자 원칙들에서 매크로를 찾아라. 이 책에 소개된 주식 원칙들은 위대한 주식 거인들이 경험에서 찾아낸 보석 같은 깨달음이지만, 성공을 위해서 그 많은 원칙들이 모두 필요한 것은 아니다. 아무리 크게 성공한 사람들이라도 불과 몇 가지 이내의 원칙을 신조로 삼았을 뿐이다.

이 책은 주식 거인들의 49가지 투자 원칙들을 소개하고, 이를 통해 자신만의 투자 방법을 만들어갈 수 있도록 돕는 투자 안내서다. 대부분의 원칙들은 재미있게 읽으면서 눈에 담고, 중요하다고 생각되는 원칙들은 머리에 담고, '바로 이거다!'라고 생각되는 두세 가지 원칙은 가슴에 새겨 반드시 실천하기 바란다.

이 책을 읽고 여러분도 단순하지만 반드시 지킬 수 있는 스스로의 투자 원칙을 정한다면 더할 나위 없겠다. 그래서 여러분의 성공 투자에 날개를 달아주는 작은 계기가 된다면, 글쓴이로서는 영광이 아닐 수 없다. 투자자 여러분의 진격을 위한 거인의 첫 걸음이 되길 빈다. 그리고 (유)리빌드 건설 최재진 대표이사께도 감사드린다.

차례

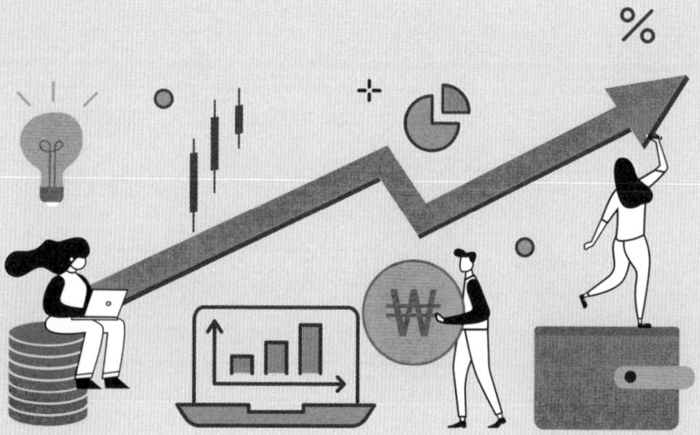

+100

"참여 인원이 많으면 많을수록 누군가 순전히 요행으로 장기간에 걸쳐 성공을 거둘 개연성이 크다. 만일 경쟁자가 열 명인 어떤 시장에서 선두를 달린다면, 확실한 재능이 있음을 시사해준다. 그러나 경쟁자가 백만 명이나 되는 시장(예를 들면 금융 시장)에서 성공을 거둔다면, 별로 의기양양할 이유가 없다. 이 경우에는 그저 운이 아주 좋았을 뿐이라고 가정해야 한다."

— 롤프 도벨리

초심자의 행운을 뛰어넘어, 현실적인 수익을 거둬라

우리 속담에 "소 뒷걸음질치다 쥐 잡았다."라는 말이 있다. 의도한 것은 아니었으나 성과를 얻게 되었을 때 주로 사용되는 말로, 주식 시장에서 흔히 듣는 초심자의 행운과 같은 말이다.

개인 투자자들의 주식 시장 진입 경로는 매우 유사하다. 주변인들의 주식 성공 사례를 듣고 주식을 산다거나, 큰 기대 없이 소액으로 조금 샀는데 오른 경우다. 특별한 노력 없이 불로소득을 얻은 사람들이 이제는 집을 담보로 주식을 산다. 개인 투자자에게 찾아온 초심자의 행운이 그들에게 무모한 자신감을 불어넣은 것이다.

주식 초반에는 돈을 잃는 경우보다는 따는 경우가 많다. 그러다 투자자금을 올리면 잃기 시작한다. 개업하고 난 후 한동안 손님들로 발 딛을 틈이 없었던 식당이, 개업 효과가 사라지면 찾아오는 손님이 뜸해지는 경우와 같다.

초심자의 행운을 경험한 투자자는 손실의 원인을 분석하기보다는 누적된 손해를 만회하고 싶은 욕구가 더 강해진다. 그들은 돈과 시간이 부족하자, 이제는 현물이 아닌 선물 시장을 넘본다. 그리고 선물 시장에서 몇 번의 성공이 자만으로 바뀌는 순간 또다시 잃기 시작한다.

개업 효과가 끝난 식당이 적자를 보기 시작하면 식당 매출 감소의 원인을 분석하기보다는 간판과 인테리어를 바꿔 새로 식당을 여는 것과 같다.

만약 개인 투자자들이 주식을 시작할 때 수익을 냈다면, 다른 투자자들도 수익을 내고 있는 주가 상승기인 경우가 많다. 하지만 초심자의 행운은 주식을 시작한 투자자들이 주식 투자가 쉽다는 착각을 하게 한다. 또한 왜 다른 사람들이 주식으로 돈을 잃는지 모르겠다는 의구심을 갖게 하고 자신의 투자 감각을 과신하게 만든다. 더불어 주식으로 큰돈을 벌겠다는 과욕을 부리게 한다.

하지만 주식 투자자에게 인생을 역전시켜줄 한순간의 대박이나 계좌를 채워주는 반가운 손님인 행운도 매달 방문하지는 않는다. 초심자의 행운도, 대박도 아닌 현실적인 수익을 위해 꾸준하게 제 갈 길을 가라.

로마 신화에 나오는 '기회의 신' 오카시오는 앞머리는 풍성하나 뒷머리는 대머리다. 앞머리가 풍성한 이유는 자신이 왔을 때 누구나 쉽게 잡게 하기 위함이며, 뒷머리가 대머리인 이유는 자신이 지나갔을 때 사람들이 붙잡지 못하게 하기 위해서다. 기회란 부지런해 한곳에 오랫동안 머물지 않고 왔다가도 이내 떠나 버린다.

그래서 투자로 얻어지는 수익에 대해서 겸손하자.
그저 운이 함께했다고 겸손하게 생각하라.
계속적으로 수익을 얻더라도
다음 투자를 할 때에는 조심하고 또 조심하라.
원숭이도 한 번쯤 나무에서 떨어질 수 있는데
어느 날 당신에게 어떤 상황이 닥칠지는 아무도 모른다.

사람의 결정은 자신의 능력을 과신하게 되었을 때 종종 너무 쉽고 가볍게 이루어진다. 수익을 당연하게 여기는 마음은 주가가 큰 폭으로 하락하면 확실하게 치유되기도 하나, 심한 경우 주식 시장 전체를 다시는 손대지 못할 악한 것으로 치부해 버리기도 한다.

이 같은 상황을 피하기 위해서는 항상 투자를 처음 시작할 때의 마음가짐을 유지하는 것이 중요하다. 자신의 한계를 알고 그 안에서 움직이는 사람은 적어도 지지는 않는다.

☆☆☆

주식을 처음 접한 거의 모든 사람에게 '초심자의 행운'은 찾아온다. 행운을 경험한 초보자들은 대부분 다음에는 더 큰 베팅을 준비한다. 그러나 1,000만 원으로 투자를 했을 때 찾아왔던 행운은 1억 원을 투자했을 때는 온데간데없다. 당신에게 "큰 그림을 생각하되 소소하게 시작하라."고 말하는 사람과 "꿈을 크게 품고 과감하게 행동하라."고 말하는 사람이 있다면, 어느 말을 따라야 할까?

주식 실패를 경험한 사람들 중에서도 의견이 분분할 것 같다. '작게 시작해서 조금씩 모으자'라고 생각하는 사람도 있을 것이고, '크게 시작해서 크게 벌자'라고 생각하는 사람도 있을 것이다.

《네 안에 잠든 거인을 깨워라》 저자인 앤서니 라빈스는 이렇게 말했다.

"무엇인가 큰 것을 해내고 싶다면, 자신이 보여온 기존의 한계 너머로 자신을 밀어넣을 필요가 있다. 용기를 내어 과감해져야 한다. 그리고 이 모든 것은 당신 스스로가 해야 한다. 이렇게 하는 것은 누가 대신해줄 수 있는 일이 아니다."

주식 시장에서는 다수의 투자자와 함께 가야 하는 경우도 있고, 소수의 길을 가야 하는 경우도 있다. 물론 그 전에 기업을 보는 눈, 종목을 보는 눈, 차트를 보는 눈 등을 키우는 여러 공부가 선행되어야 함은 물론이다. 힘들고, 고통스럽기까지 하지만 베팅 전에는 결단을 내려야 한다.

'상승할 것 같은데' 같은 어설픈 50%의 확신이라면 과감히 포기할 줄도 알아야 한다. 대신 최소 70% 이상 확신이 선다면 이때는 30%의 망설임으로 시기를 놓치지 말아야 한다. 생각해보라. 그동안 망설임으로 얼마나 많은 종목을 놓쳤는지 말이다.

"구슬이 서 말이라도 꿰어야 보배이다."라는 속담처럼 아무리 좋은 기회가 와도 행동이 이어지지 않는다면 의미가 없다.

예를 들자면 이렇다.

"반드시 지금 매수 결정을 해야 하는가, 기다려야 하는가?"

"지금 이 종목을 매수해야 하는가, 말아야 하는가?"

"이 종목을 매수했다면 언제 매도해야 하는가?"

"이 종목을 매수한 후 돌발 악재가 나왔다면 곧장 매도해야 하는가, 아니면 보유해야 하는가?"

"매도한다면 전부 한 번에 해야 하는가, 아니면 분할로 해야 하는가?"

아무리 예측하려 노력해도 미래의 주가를 알 수는 없다. 주식 투자를 위해서는 싫든 좋든, 크든 작든 매순간 선택을 해야만 한다. 망설임으로 매수 결정이 늦어지고 나면 상승한 주가를 탓할 수도 없다. 반대로 매수한 직후부터 낙하산이 하락하듯 천천히 내려갈 수도 있다.

시장은 투자자의 선택과는 무관하게 움직인다. 시간을 갖고 천천히 생각해보고 싶어도 보이지 않은 무수한 매도자와 매수자가 상승과 하락을 시키기 때문에 시장은 항상 빠르게 변한다. 그래서 주식에 '절대로', '100%'란 존재하지 않는다.

'NO'를 했든 'YES'를 했든 이런 결정을 어떤 근거를 가지고 판단하면 좋을까?

어떤 투자자는 '느낌이 좋아서' 그리고 또 다른 투자자는 '차트와 거래량이 좋아서' 매수하기도 한다. 그리고 '차트가 좋아 보이지만, 확신이 없어서' 그리고 '차트와 거래량도 좋고, 수급도 확실하고, 기업의 성장성도 좋지만 현실적인 이익이 없어서' 매수하지 않는다.

여기서 세 번째 투자자, '확신이 없어서 매수하지 않는 투자자'가 바로 제대로 된 분석의 부재로 인한 30%의 망설임을 가진 투자자다.

여러분에게 이런 상황이 닥친다면 우선 스스로에게 세 가지를 자문해 봐야 한다.

첫째, 정말 좋은 기업인지, 70%의 확신의 근거는 무엇인지?

둘째, 30%의 불확실한 요소는 무엇인지?

셋째, 매수 후 손절가는 얼마인지?

일단 결정했다면 과감해져라. 크게 생각하는 것을 두려워하지 말고 현재 갖고 있는 자금 안에서 미래를 계획하는 것을 두려워하라.

도널드 트럼프의 《억만장자 마인드》에 이런 글귀가 있다.

"믿을 것은 오직 본인의 열정이며 자신의 직관이다. 그와 함께 행운을 만들어가는 것이다. 자기 자신을 넘어서라. 일을 크게 벌이는 편이 성공하기 더 쉽다. 크게 도전하라. 만약 실패한다면 그 실패를 통해 배우는 자만이 위대한 성공을 거둔다."

"사람들이 부동산 투자에는 성공하고 주식 투자에는 실패하는 이유가 있다. 사람들은 집을 살 때는 몇 달을 고민하지만, 주식에 투자할 때는 몇 분 만에 결정해 버리기 때문이다."

— 피터 린치

02

충동적으로 매매한다면, 잠시 주식 시장을 떠나라

남의 이야기나 시장 분위기에 영향을 받아서 투자하는 투자자는 충동적으로 매매를 결정하게 된다. 대개 이런 경우에는 투자 결과도 이익으로 거의 연결되지 않는다.

예컨대 A씨라는 투자자가 전날 주식 시장의 흐름을 주도했던 종목을 선별하여, 다음 날 동종 산업에 속한 종목을 매수했다고 치자. 과연 그 종목이 올라갈까?

물론 상승할 가능성도 있다. 하지만 주로 하루살이 인생으로 끝날 개연성이 높다. 이런 종목들은 동시호가부터 주가가 올라 있는 경우가 대부분이고, 시초가는 갭Gap을 만들기 시작해서, 장중에 등락폭도 크며,

시간이 지날수록 하락에 대한 압력을 많이 받는다.

이익을 얻는다고 해도 꼬리 부분만을 취할 것이고, 반면 손실이 생길 경우는 머리 부분만큼 크다. 어쩌다 한 번 얻은 이익만 생각하고 예전에 날린 돈은 떠올리지도 못한다. 인간은 망각의 동물이지만, 이 정도쯤 되면 마음이 짠하기까지 하다. 아마도 이전의 손실을 회복하려는 마음이 앞서서, 만루 홈런의 환상을 갖고 충동 매매의 늪에서 허우적거리는지도 모르겠다.

한 번 길들여진 매매 습관은 고치기 어렵다. 수십 년을 살면서 형성된 뼈대와 같은 인격이 바로 그 사람인 것처럼, 잘못된 매매가 반복되어 습관화된다면 매번 주식 타석에서 휘두르는 투자 방망이의 타율은 제로에 머무르게 된다. 가끔 찾아오는 행운이 늘 있을 거라는 자만은 곧 패망으로 가는 지름길이다.

☆☆☆

부동산 투자자 A씨와 주식 투자자 B씨가 있다는 가정하에 A씨와 B씨의 매매 과정을 살펴보자.

A씨는 부동산을 구입하기 전에 먼저 부동산 시장 동향을 살핀다. 최소한의 투자로 최대한의 이익을 얻기 위해 위치 선정부터 조심스럽다. 역세권에 속한 지역인지 아닌지, 유동인구는 많은지 적은지도 고려한다. 부동산 시장이 활황이라면 시세 차익을 얻을 수도 있을 것이다. 하지만 활황의 끝자락에서 잡았다면 말은 달라진다. 이때 하락분 만큼의

손해는 매수자의 몫이 된다. 주식 투자와 다르게 부동산 투자는 분할매수가 불가능하다.

또한 부동산 투자는 한 번 계약서에 도장을 찍으면 계약이 성립된다. 계약금만 건넸을 때까지는 그래도 해지할 수 있는 여지가 있다. 주식 투자에서 손절매라고 할 수 있다. 하지만 중도금까지 건넸다면 해지할 방도는 없다. 이처럼 부동산 투자는 한 번에 큰 자금이 투입되고, 장기 투자에 적합하며, 주식 투자에 비해 투자 종목 선정과 계약에 많은 시간이 소요된다.

그렇다면 주식 투자자 B씨의 매매 과정은 어떤가?

우선 부동산 투자처럼 주식 시장의 동향을 파악한다. 상승 시장인지, 하락 시장인지, 박스권 시장인지, 해외 시장은 어떤지 등을 살핀다. 종목 선택 후에 기업 분석, 차트 분석, 주가에 결정적인 영향을 미치는 수급 분석도 잊지 않는다.

여기까지는 부동산 투자와 별반 차이가 없어 보이나, 매수 이후부터 투자자의 태도가 달라진다. 장기 투자를 염두에 두었다고 할지라도 매수 이후 자신이 매수한 종목은 하락하고 다른 종목만 계속해서 상승한다면, 매매 시점에 갖고 있던 장기 투자라는 생각은 조금씩 사라진다. 심리전에서 밀리는 것이다.

부동산 시장은 대체로 함께 움직인다. 물론 지역별로 하락하는 곳도 있고 상승하는 곳도 있지만 그 차이가 주식에 비해 크지도 않고, 등락이 눈에 선명하게 들어오지도 않는다.

이에 비해 주식은 어떤가. 매일 시장이 열리고 상승 종목과 하락 종목이 분명하며, HTS만 켜면 손실분까지 선명하게 눈에 들어온다. 이때부터 손절매가 귓전에 울리기 시작한다. 이를 이겨내지 못하고 매도하게 되면 충동 매매로 이어지기 쉽고, 일관성의 법칙이 마음을 지배하게 된다.

일관성의 법칙은
사람들이 일단 어떤 입장을 취하고 나면
그 결정에 대해 일관성을 지켜야 한다는
심리적 압박에 따라, 자신의 감정이나 행동들이
결정된 입장을 정당화하는 방향으로
맞춰 나가게 된다는 심리학 법칙이다.

일관성의 법칙을 설명하는 유명한 연구 결과를 아래에 소개한다.

경마장에서 사람들이 특정 말에 돈을 건 후에는 돈을 걸기 전과 비교하여 그 말이 우승할 확률이 더 높다고 생각한다. 특정 말에 돈을 걸기 불과 몇 분 전만 하더라도 사람들은 어떤 말에 걸지 고민하며 우왕좌왕했다. 하지만 돈을 걸고 나면 몇 분도 지나기 전에 그들은 옳은 선택을 했다고 낙관하고 자신감이 넘친다.
이들의 기분이 변하게 된 변수는 최종 의사결정 행동밖에 없음에도 불구하고, 대부분의 사람들은 이러한 감정 변화를 자연스럽게 받아들인다.

이런 일관성의 법칙이 투자자의 마음에 자리하는 순간 이해할 수 없는 기업에 투자하게 되고, 이는 충동 매매로 연결될 여지가 높다. 누구보다 꼼꼼하게, 까탈스럽게 종목을 고르고 선택해야 하는 이유다.

☆☆☆

주식 투자자 중에 주식 시세를 1년에 한 번, 한 달에 한 번, 아니 일주일에 한 번 정도 확인하는 사람이 몇이나 될까?

하루에 한 번은커녕 바로바로 시세를 확인하지 않으면 손실로 연결될까 불안하여 모니터에서 잠시도 눈을 떼지 못한다. 특히 주식 투자 초보자나 현금 없이 주식만을 보유하고 있는 투자자라면 더욱 증세가 심하다.

알렉산더 엘더는 "사이렌의 노래를 들으려고 본인의 몸을 돛대에 묶은 오디세우스처럼 행동해야 한다."라고 말하면서 투자자 본인의 감정 변화가 느껴지면 시장을 떠나라고 권했다.

휴가를 가더라도 주식 시세를 확인하기 위해 잠시도 핸드폰에서 눈을 떼지 못한다. 이쯤 되면 휴가를 가더라도 재충전의 의미는 달아나 버린다. 주식 시장이 개장하지 않는 주말이 오는 게 싫고, 시세를 확인하지 않을 때 허전하고 불안감을 느낀다면 주식 시장을 떠나는 것이 옳다.

제시 리버모어는 "아마추어는 실수할 때까지 거래를 계속한다."라고 했으며, 앙드레 코스톨라니는 "미친 군중과 컴퓨터로부터 떨어져 사색하는 투자자가 돼라."고 말했다. 즉 잦은 거래를 지양하라는 이야기다.

주식을 잘못 매매할 경우, 고점 매수와 저점 매도로 손실이 확대될 수 있다. 또한 향후 상승 장세로 돌아섰을 때, 시장을 이끄는 주도주 종목군이 아닌 다른 종목군의 주식을 보유하고 있다면 상대적 박탈감에 사로잡힐 수 있다. 이성적 판단이 가능할 때까지 잠시 모니터에서 눈을 돌려라. 괴테는 휴식에 대해 이렇게 말하고 있다.

"느닷없이 어느 날 자기 자신이 마땅치 않고, 타인에게 짜증나며, 무엇 하나 마음에 차는 게 없을 때가 누구에게나 있다. 그럴 때일수록 조급해하지 말 일이다. 충만이나 힘은 도망가지 않는다. 나쁠 때에 흠뻑 쉬어 놓으면, 한층 더 좋아지는 법이다."

주식 투자자는 언제나 냉철한 판단력과 평상심을 요구받는다. 개인 투자자라면 더욱 그렇다. 기관 투자자나 외국인은 풍부한 정보와 첨단 투자 기법을 사용하고 선물 등을 이용한 헷지주가 변동으로 인한 손실을 피하기 위하여 주식 시장과 반대되는 주가 지수 선물을 매도하여, 보유 주식 가격 하락에 따른 손실을 선물 시장에서의 이익으로 보전하는 것을 말한다. 환리스크나 금리에 대한 리스크를 없앨 때도 사용한다. 즉 손실이나 이익이 없는 상태를 만든다는 의미다로 위험을 줄인다. 하지만 일반 주식 투자자들은 정보와 자금의 한계로 인해 위험을 줄일 수 있는 방법이 극히 한정적이다.

그 한정된 방법 중 하나가 휴식을 취하는 것이다. 만약 흥분된 상태거나 불안감에 사로잡혀 있다면 잘못된 선택으로 손실의 폭이 증가할 수 있다.

시장의 움직임이 혼란스럽거나 내·외적 경제 여건이 불투명하여 심리적으로 불안할 때에는 현금 비중을 높이고, 시장이 방향을 잡을 때까지 잠시 쉬는 것도 위험을 줄이는 방법이다.

"절약하고 저축하여 그 자금을 최고의 수익률로 불려라. 무엇보다 참고 또 참아 오래 엎드려 있어라. 기회가 올 때까지 기다리는 사람은 달콤한 열매를 얻는다."

— 존 템플턴

03

주식 투자는 머리로 버는 것이 아니라 엉덩이로 번다

일본 속담에 "바쁠수록 돌아가라."는 말이 있다. 급할수록 질러가는 위험한 지름길보다 조금은 멀지만 안전한 길을 택하는 것이 결국 빨리 도착한다는 의미다.

"바쁠수록 돌아가라."는 말의 유래는 이렇다. 일본 교토 옆에 있는 시가현에 위치한 비와코라는 호수에서 나온 말이다. 당시 무로마치 시대 시가현에서 교토로 가는 길은 비와코를 횡단하는 해로와 당교를 경유하는 육로가 있었다. 물론 속도는 해로가 빠르다.

하지만 비와코 건너편에 있는 산으로부터 불어오는 돌풍 때문에 해로의 횡단에는 항상 위험이 따랐다. 그래서 안전한 육로를 택하는 것이 오히려 빠르다는 노래가 불려지게 되었다.

주식 투자로 단기간에 대박을 바랐던 개인 투자자는 다음 단계를 거치면서 주식 시장에서 사라져 간다.

첫 매매의 짜릿함과 기대 이상의 수익은
허황된 희망을 잔뜩 품게 해준다.
두 번째 매매는 첫 매매의 이익을
다시 시장에 고스란히 반납하게 한다.
세 번째 매매부터는 손실이 커질수록
무모함도 눈덩이처럼 더욱 커져 간다.

이 글을 쓰고 있는 2021년 2월, 현재는 어떤가. 불과 1년 전이었던 2020년 3월, 코로나19 사태로 외국인 투자자가 시장의 하락을 주도하자, 종합주가지수가 2,255P에서 1,439까지 급락했다. 그러나 개인 투자자들의 적극적인 매수로 시장이 반등하자, 언론에서는 이런 현상을 일컬어 '동학개미운동'이라 지칭했다. 그때 이후로 2030세대는 영끌영혼까지 끌어 모아 투자하고, 5060세대는 노후자금으로 투자한다.

뉴스는 모든 증권사들이 최대 영업이익을 달성했다고 말한다. 그렇다면 동학개미들도 그만큼의 수익을 냈을까? 동학개미들의 투자가 올바른 투자였을까?

주식 시장은 한쪽이 1을 얻으면 다른 한쪽은 1을 잃는 제로섬 게임이니 분명 외국인이든, 기관이든, 개미든 누군가는 손실이 났을 것이다.

이처럼 과거에나 지금이나 '묻지마 투자'는 반복된다. 이런 투자 방식은 소위 남이 하니까 나도 한다는 밴드왜건식 의사결정이다.

세력들이 대열의 앞에서 행렬을 선도하는 악대차와 같은 역할을 하면 개인 투자자들은 무엇 때문인지 궁금하여 모여들기 시작한다. 몰려가는 개인 투자자들을 바라본 또 다른 개인 투자자들은 무언가 있다고 생각하고 무작정 뒤따른다. 그러면 세력들은 주식을 버리기 시작하고 개인 투자자들은 그제야 그 주식을 매수한다.

사람들의 의견과 사고방식을 그들의 사고방식으로 유도하는 고도의 심리 테크닉을 이용하여 '만장일치 찬성'이나 '거의 전원의 의견이 일치한다'는 동조행위를 유발하면, 개인 투자자들은 그들이 원하는 방향으로 행동한다. 마치 주주총회에서 총화꾼이라고 하는 사람들이 박수부대를 동원해 만장일치의 분위기를 만들어내는 것과 같다.

이처럼 밴드왜건 효과는 결정을 망설이고 있는 사람들의 마음을 무리 없이 자기편으로 끌어들이는 심리 전략이다. 즉 자신의 행동과 의사결정의 잣대를 원칙이나 객관적 근거에서 찾기보다는 주위의 분위기나 대세에 의존하려는 경향이 밴드왜건 효과를 보다 극대화시킨다.

필자도 초보 시절 위와 같은 개인 투자자들과 다르지 않았다. 최적의 매수 타이밍이라 여겨 매수하면 하락하고, 손절매하면 귀신이 장난이라도 치는 듯 그때부터 파란색 캔들이 갑자기 빨간색 캔들로 뒤바뀌었다.

상승 캔들에 속아 뒤늦게 매수 대열에 합류하고 있는가. 이런 뒤늦은 합류는 상승 N자 파동의 꼭지일 수도 있다. 상승 N자 파동을 길게 늘리면 번개모양이 되듯이, 상승 N자는 당신에게 되돌아오는 번개가 될 수도 있다는 걸 기억하라. 억수로 퍼붓는 들판에서 당신을 향한 번개는 당신이 N자 상승에 속아 녹다운되면, 마지막에는 '우르르 쾅' 소리로 당신을 기절시킬 수 있다.

성급하게 독이 든 성배로 건배를 하고 있는가. 어떤 투자가 좋은지? 나쁜지? 생각하지 않고 있는가. 그저 뉴스에만, 전문가의 입에만, 차트의 눈속임에만, 캔들의 색깔에만, 주가가 오르내리는 현상에만 매달리고 있는가.

그렇다면 주식 투자를 하지 마라. 매수할 때를 기다리지 못하는 투자자는 심리적 불안정을 스스로 자인하는 꼴이다. 냉혹한 시장 한가운데서 감정에 치우친 연속된 매매는 투자자에게 견디기 어려운 혹한을 준다.

☆☆☆

뉴스 보도나 증권방송에서 종목에 대한 긍정적인 소식을 전하자마자 투자를 결정하는 행태는 투자라기보다 투기에 해당하며, 주식이라는 물건을 사고파는 매매 행위일 뿐이다.

주식 투자를 하는 한 할머니의 주식 투자 방식을 보자. 이 분은 전문성을 요구하는 기술적 분석 없이 오직 뉴스만을 가지고 주식 매매를 하는데, 항상 돈을 잃지 않았다. 이유는 간단했다. 뉴스가 발표되면 서둘러 매매하지 않고 기다리다가, 충분히 하락했다고 판단이 들면 그때 매수를 한다. 그리고 상승분을 이익으로 챙기고 매도하는 아주 단순한 방식을 취했다.

한 걸음 더 들어가보자. 일반적으로 주식 시장은 '000종목 임상 3상 첫 투약 시작'이라는 호재 뉴스가 발표되기도 전에, 이미 주가는 도약을 넘어선다. 발표 순간, 수많은 개인 투자자의 유입으로 주가는 다시 한 번 상승한다. 이미 캔들은 장대양봉이 형성되어 있는데, 개인 투자자들은 높은 수익률을 기대하면서 매수에 동참한다.

그런데 이 할머니는 성급하게 매수하지 않는다. 호재 뉴스 발표 후 상승하는 종목보다는 하락하는 종목이 더 많다는 것을 아는 것이다. 그래서 하루, 이틀, 그 이상 충분히 하락할 때까지 참고 기다린 후에 매수 행렬에 가담한다. 그리고 상승하면 매도한다는 것이다.

코카콜라하면 가장 먼저 떠오르는 인물은 바로 워런 버핏이다. 그는 코카콜라에 투자하여 엄청난 수익을 창출했으며, 지금도 여전히 코카콜라 주식을 보유하고 있다.

가령 코카콜라 음료에서 암 유발 물질이 발견되었다는 기사가 보도된다면, 코카콜라의 향후 주가는 어떻게 되겠는가? 당신이 코카콜라 주식을 보유하고 있다면 어떤 결정을 하겠는가?

주가는 큰 폭으로 급락할 것이 자명하며, 해당 기업의 주식을 보유하고 있는 투자자들은 주가가 더 폭락하기 전에 앞다투어 주식을 처분하려 할 것이다.

하지만 코카콜라 기업을 오랫동안 주시해온 투자자들은 이런 상황에서 어떤 결정을 할까?

기존의 투자자들이 밴드왜건에 올라타 매도에 편승할 때, 현명한 투자자들은 이런 보도에 대해 의구심을 품는다.

'암 유발 물질? 수십 년 동안 잘 마셔 왔던 콜라에 갑자기 웬 암 유발 물질? 이러한 이슈가 잘못된 보도였다는 사실이 밝혀지고 나면 급락했던 주가는 다시 급등하게 될 거야. 지금이 기회다!'

투자하면서 밴드왜건식 매도 결정을 피하기 위해서는 관심 분야의 전문가가 되어야 한다. 건실했던 기업이 단기 악재로 인해 주가가 급락한다면, 그것이 바로 우리가 기다리던 최적의 기회일지도 모른다.

주식 시장이 하락하는 일은 그다지 특별한 일이 아니다. 모두가 공포에 사로잡혀 주가가 하락하는 시기는 가치 투자자들에게는 좋은 주식을 싸게 살 수 있는 절호의 기회다. 반대로 모두가 주식을 사야 한다고 끓어올라 있을 때는 가치 투자자들에게는 떠날 시기다.

사람들은 무리에 속해있을 때 안전하다고 생각한다. 남들과 다른 결정, 본능에 어긋나는 결정을 하는 것은 어렵다. 배짱이 필요하다.

특히 개인 투자자들은 마음의 여유를 갖고 넓고 멀리 바라봐야 한다. 큰 그림을 그리면서, 공부하고 기다리고 또 공부하고 기다려야 한다. 준비하는 자에게 기회가 오는 법, 다가올 큰 장을 위해 경제의 흐름을 읽을 수 있는 지혜를 먼저 쌓아야 한다.

그래서 더욱 주식 시장에 대한 공부가 필요하다. 공부를 하면서 뉴스에 휘둘리지 않을 굳건한 마음을 얻어야 한다. 마음을 다스리면 그때부터 주식 투자가 즐거워진다.

> "시장은 자연의 법칙에 따라 움직인다."
>
> — 글렌 닐리

04

자연은 거대한 주식책이다

피보나치의 수열이 더욱 신비로운 것은 이들 숫자가 인간이 가장 아름답게 느낀다는 황금비율인 1.618을 향해 나아간다는 점이다. 1, 1, 2, 3, 5, 8, 13, 21……에서 연속된 두 숫자의 비율은 $\frac{1}{1}$=1, $\frac{2}{1}$=2, $\frac{3}{2}$=1.5, $\frac{5}{3}$=1.666, $\frac{8}{5}$=1.6, $\frac{13}{8}$=1.625가 된다. 황금비율인 1.618은 피보나치의 수열 중 55와 다음 수인 89에서(89÷55=1.6181818) 가장 근접하게 나타난다.

기하학적인 황금분할의 작도는 선분 A, B상에 점 P를 찍어서 AP제곱=BP×AB가 되도록 하는 분할이다. 기하학에서는 정오각형 속에 황금비율이 숨어 있다. 정오각형에서는 한 변과 대각선의 길이가 1:1.618이며, 각 대각선은 서로를 황금비율로 나누고 있다.

고대 이집트의 피라미드, 파르테논 신전, 우리나라 최고의 목조건물로 꼽히는 영주 부석사의 무량수전도 1:1.618의 비율을 따르고 있다. 파르테논 신전을 정면에서 바라보면 폭과 높이의 비율이 황금비율을 이루며, 무량수전 역시 가로와 세로의 비율이 황금비율을 이룬다. 비너스 조각상의 경우도 5:8의 비율이 곳곳에 스며들어 있다.

피보나치의 수열은 음악에도 나타난다. 피아노 건반은 검은색 2개와 흰색 3개의 건반이 묶여 있으며, 검은색 건반 5개와 흰색 건반 8개가 하나의 옥타브를 형성하고 있다.

20세기에 들어 사회과학 분야에도 이 수열을 적용하려는 시도가 잇따랐다. 1930년대, 증권분석가 랄프 넬슨 엘리엇은 수십 년 동안의 주식 가격의 변화를 분석한 결과, 주식은 '세 번의 상승기를 거쳐 두 번의 하락기를 가진다'고 하여 피보나치의 수열과 연관을 짓고 있다.

이보다 좀 더 진보된 이론으로는 엘리엇의 파동이론을 들 수 있다. 주식 시장을 연구한 사람이라면 모두가 한 번 쯤은 관심을 가졌을 이론이 엘리엇의 파동이론Elliot Wave Principle이다.

R. N 엘리엇은 《우주의 비밀》이라는 책에서 "철학적 관점에서 20세기 최대의 발견은 상대성이론, 양자역학 등이 아니라 우리가 아직 궁극적 실체에 도달하지 못했음을 깨달은 것이다. 우리는 다만 변화를 주재하는 법칙에 따라 진행되어 외부 세계에 나타난 현상을 규정지을 뿐이다. 모든 생명체와 움직임은 진동으로 구성돼 있으며, 주식 시장도 예외일 수 없다."라고 주장했다.

주식 시장은 세상의 축소판이다.
다양한 변수가
각기 다양한 요인에 의해 움직이고,
그 변수들의 힘의 역학관계가
하나의 수치로 나타난다.

엘리어트는 주식 시장이 상승 5파와 하락 3파로 움직이며 등락을 반복하면서 끊임없이 순환한다는 이론을 내놓았다. 그리고 그 변화의 폭은 피보나치의 수열에 나오는 숫자 1.618을 중심으로 움직인다는 것이다. 주가가 상승할 때도 이 수열을 따르고 하락할 때도 상승분에 대한 일정 비율, 즉 피보나치의 비율만큼 하락한다.

엘리어트 파동

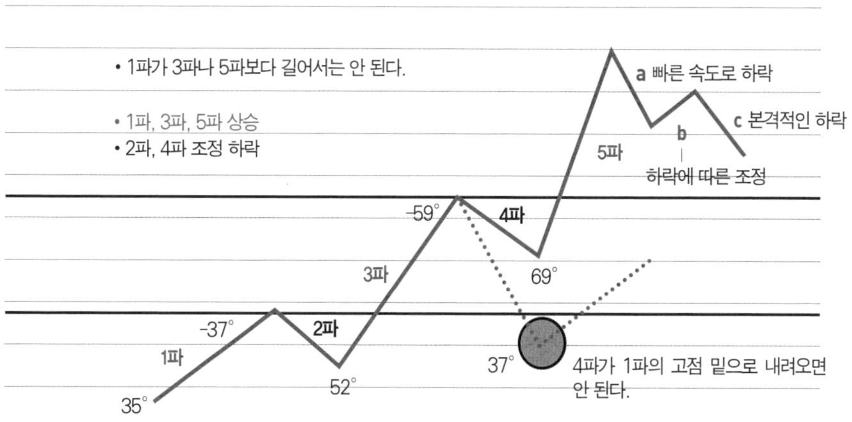

파동이론은 5개의 상승파동과 3개의 하락파동으로 구성된다. 상승 5파의 1번, 3번, 5번은 충격파동Impulse Wave으로 불리고 2번, 4번은 하락파동으로 조정파동Corrective Wave이다. 1번에서 5번까지의 상승 추세가 끝나면 a, b, c 3개의 하락 3파에서 하락 추세가 시작된다.

상승 추세의 시작을 의미하는 1번 파동은 하락 추세에서 전환된 시점이며 3번, 5번 파동보다 길어서는 안 된다. 2번 파동은 1번 파동에 대한 조정 파동으로 1번 파동보다 아래로 내려오면 안 된다. 3번 파동은 다섯 개의 파동 중 가장 거래량이 많고 강력한 파동이다. 4번 파동은 3번 파동에 대한 조정파동으로 반드시 1번 파동의 최고점보다 높아야 한다. 5번 파동은 현 추세의 마지막 국면으로 하락파동인 a, b, c로 가는 꼭짓점을 형성한다.

하락 3파 중 a파동은 하락 추세의 시작점으로 하락 진행 속도가 빠르다. b파동은 하락 추세의 조정파동으로 통상 a파의 고점을 돌파하지 못한다. c파동은 3번 파동과 유사한 파동으로 하락 폭이 크고 대량 거래가 발생한다.

이 이론의 단점은 파동의 시작과 끝이 불분명하다는 점과 하나의 파동에 소요되는 시간이 언급되지 않았다는 점이다. 또한 연장파동과 미달형이 발생하는 경우, 연장파동인지 추세 전환파동인지 경계가 모호하다. 미완성 이론이지만 파동이론은 기술적 분석 가운데 가장 뛰어난 투자이론이며, 주식 시장의 규칙성을 파동의 형태로 분석했다는 점에 그 의의가 있다.

☆☆☆

주식에 적용되는 대표적인 물리학 법칙이 두 가지가 있는데, 첫째가 작용 반작용의 법칙이고 둘째가 관성의 법칙이다.

작용 반작용의 법칙은 한쪽으로 힘을 가하면 반대쪽으로도 그 힘이 작용하는 것으로, 주식도 마찬가지로 상승하면 하락하고 하락하면 상승하는 것을 반복한다. 즉 매도자가 많아서 주가가 내려가더라도 일정 가격대가 되면 매수세가 강해지면서 주가는 다시 상승한다. "산이 높으면 골도 깊다."라는 주식 격언처럼 오르면 떨어지고 떨어지면 오르는 게 주식 시장이다.

관성의 법칙은 외부에서 힘이 가해지지 않는 한 모든 물체는 자기의 상태를 그대로 유지하려고 하는 현상을 의미한다.

주식 시장은 크게 방향성 장세와 변동성 장세로 나뉜다. 방향성 장세는 주가가 추세를 타고 상승하는 경우고, 변동성 장세는 오르지도 않고 내리지도 않는 박스권 장세다.

이중 방향성 장세는 관성의 법칙으로 움직이는 시장을 말한다. 상승 방향이면 계속 오르는 추세가 되고, 반대로 하락 방향이면 계속 하락하는 추세가 형성된다. 그래서 시장의 방향성이 정해지면 즉시 대응해야 한다.

또한 변동성 장세에서는 방향성이 결정될 때까지 아예 매매를 쉬는 편이 좋다. 만약 주식을 보유 중이라면 방향성이 정해질 때까지 추가 매수나 매도를 하지 말고 기다려야 한다.

A주식이 1만 원에서 반등해서 2만 원까지 상승했다가, 다시 1만 원까지 하락했다고 가정해보자. 2만 원까지 상승한 이유는 뭘까?

뉴스에 의해서 상승한 것일 수도 있고, 그 기업의 내재 가치에 비해 현재 주가가 저평가되어 있다고 생각할 수도 있다. 그럼 2만 원에서 왜 다시 주가가 하락했을까?

고점에 물린 투자자들이 많기 때문이거나, 주가가 고점을 돌파하지 못해 실망 매물이 나온 것일 수도 있다.

그렇다면 1만 원에서 매수한 투자자 중에 주가가 2만 원까지 상승했는데도 매도하지 못하고 다시 1만 원이 될 때까지 보유하고 있는 투자자가 있다면 이 투자자는 어떤 심리일까? 본전에 매도할까, 아니면 추가 매수할까?

최소한 매도는 하지 않을 것이다. 왜냐하면 주가가 1만 원에서 2만 원까지 상승했던 경험이 있기 때문이다. 이때 2만 원에 매수한 투자자는 어떤 심리일까?

1만 원이 저점이라 판단하여 추가 매수하거나, 2만 원이 될 때까지 기다릴 것이다. 주가가 1만 원을 하향 돌파하지 않는 한 계속 보유하려 할 것이다. 왜냐하면 과거 주가가 1만 원일 때 여러 차례 반등이 있었기 때문이다.

이런 심리가 중심축을 형성하면 1만 원이라는 주가는 비로소 지지선으로 작용한다. 그래서 1만 원의 가격대에서는 주가가 상승할 가능성이 높다. 다시 주가가 2만 원까지 재상승한다면 어떻게 될까?

이전의 학습 효과로 인해 이번에도 하락할 것이라고 예상할 가능성이 높다. 그렇기 때문에 2만 원이라는 가격대가 저항선을 형성한다. 그렇다면 주가가 2만 원을 돌파하여 2만 7,500원까지 상승한다면 어떨까?

주가가 2만 원을 돌파했다는 의미는 2만 원이라는 매물대를 소화했다는 말이다. 기존에 주가가 박스권을 만들 때는 2만 원이라는 가격이 저항선으로 작용하여 매도했지만, 그 2만 원을 뚫어 버리면 이젠 2만 원이라는 주가는 싸다는 공감대가 형성된다. 2만 원이라는 주가가 기존의 저항선이었다면 그것을 돌파한 순간, 2만 원이라는 주가는 지지선으로 바뀐다.

저항선과 저항선, 지지선과 지지선을 연결하면 추세선이 만들어진다. 추세란 언제든 전환될 수 있다. 상승세가 강하면 주가 상단의 저항선을 뚫고 새로운 추세가 만들어진다. 따라서 상승 추세가 형성되면 그때가 관성의 법칙을 즐길 때다.

주가가 상승 방향으로 전환되면 계속해서 상승하려는 성질 때문에 추세가 바뀌기 전까지는 동승하는 게 최선이다. 보통 투자자들은 '설마 더 상승하겠어?'라는 생각으로 매도하는 경향이 있는데, 상승 추세를 탄 주식은 일반 투자자들이 생각한 주가보다 훨씬 더 상승한다.

이제 하락 추세를 보자. 주가가 2만 원을 돌파하지 못하고 1만 2,000원까지 하락한 후 재상승을 시도했지만, 1만 5,000원을 찍고 다시 하락하여 현재의 주가가 10,000원이라고 해보자. 주가가 상승을 시도했지만 1만 5,000원을 넘지 못했다는 의미는 새로운 저항선이 형성되었다는 의미로 해석될 수 있다.

주가가 상승할 때는 저항과 지지를 반복하면서 우상향하지만 일정한 시점에 전 고점을 돌파하지 못하면, 주가는 우하향으로 저항과 지지를 반복하면서 하락한다. 주가가 하락할 때는 반등의 힘, 즉 지지선이 약하기 때문에 쉽게 무너진다.

"주인이 개를 데리고 산책할 때 개는 주인보다 앞서가기도 하고 뒤따라가기도 하고 멀리 떨어져 있기도 하지만, 항상 주인이 어디에 있는지 살펴본다. 그러다가 너무 멀리 떨어져 있다 싶으면 다시 주인에게로 돌아온다. 결국 집으로 돌아갈 때 주인과 개는 항상 함께한다."

— 앙드레 코스톨라니

경제와 주식 시장은 같은 방향으로 움직인다

한 사람이 개들을 데리고 산책을 하기 위해 산책로에 들어선다. 어미 개를 따르는 새끼 강아지들도 보인다. 주인은 항상 오가는 동선을 따라 오늘도 변함없이 그 길을 걷는다. 어미 개는 주인보다 앞서거니 뒤서거니 하면서 걷는다. 그에 비해 새끼 강아지들은 에너지가 넘쳐 보인다. 그만큼 새끼 강아지들은 주인보다, 어미 개보다 훨씬 활동량이 넓다.

그렇게 개들과 주인은 산책을 하면서 동일한 목적지에 도달한다. 주인이 1Km 걸었다면 어미 개는 앞섰다가 돌아오기를 반복하면서 4Km를 걸었다. 새끼 강아지들도 주인과 어미 개를 앞서거니 뒤서거니 부지런히 움직여, 결국 같은 목적지에 도착한다.

여기서 주인은 경제고

어미 개는 코스피, 새끼 강아지들은 코스닥으로 비유할 수 있다.

물론 현실에서는 경제 상황보다

증시가 6개월 먼저 움직이는 경향이 짙다.

하지만 증시가 큰 틀인 경제와 역행하여 움직이지는 않는다.

이와 같은 예로 우리나라가 1997년 IMF에 구제금융을 신청한 이후의 증시 상황을 살펴보자.

우리나라는 모라토리엄채무불이행 선언을 할 지경에 이르자, 1997년 IMF에 구제금융을 신청했다. 구제금융 신청 후 경제가 살아나면서 코스피

는 1998년 10월부터 1999년 7월까지 상승했다. 코스닥은 1999년 4월부터 상승을 시작하여 2000년 3월에야 정점을 찍었다. 코스피가 움직인 다음 코스닥이 그 뒤를 이은 것이다.

우리나라의 주식 시장은 코스피의 삼성전자를 필두로 해서 코스닥 IT 기업들이 그 상승을 이끌었다. 하지만 삼성전자와 비교해서 코스닥 종목들의 움직임은 어떠했는가. 새끼 강아지처럼 산책로를 벗어나 이리저리 뛰어다니듯이 주가의 파동은 삼성전자보다 더 큰 파동을 만들면서도 방향성은 우상향을 향해 쭉 뻗어 갔다. 그때 개인 투자자들은 어떤 모습이었을까?

큰 줄기는 무시한 채, 코스피에 비해 코스닥의 변동성은 당연히 클 수밖에 없는데도 그 짧은 주기를 참지 못하고 매도와 매수를 반복했다. 경제가 하락파동을 지나 바닥을 다진다면 상승은 당연하다. 코스피가 상승파동을 이어 간다면 코스닥 또한 상승 방향으로 틀 수밖에 없다.

☆☆☆

아울러 미국 경제의 고성장, 저성장 시기에 다우와 나스닥이 어떻게 변했는지를 살펴보자.

미국 경제는 2003년부터 2007년 후반까지 성장을 이어 갔다. 그러나 2008년에는 주택의 버블이 붕괴되고 건설업 경기가 악화되면서 주택 판매가가 하락했고 경제가 뒷걸음질을 했다. 집을 담보로 돈을 빌린 사람들이 금리가 오르자, 이자를 제때 갚지 못해 연체율이 높아지면서 주

택 경기도 나빠졌다.

주식 시장에서는 미국 국채의 주딜러이며 파산신청 전까지 세계 4위의 투자은행이었던 리먼 브라더스가 2008년 9월 15일 미국 역사상 최대 규모의 기업 파산을 기록하며 금융위기가 시작되었다. 이러한 리먼 사태로 세계 경제의 불안전성을 인지한 투자자들이 손해를 회피하려 투자했던 돈을 회수하면서 미국 증시가 폭락하기도 했다. 하지만 미국 경제가 점차로 회복 기미를 보이자, S&P500 주가도 동반해서 상승했다.

이 글을 쓰고 있는 2021년 2월, 현재 코로나19 상황에서의 주식 시장 상황은 어떤가. 코로나 확진자 수가 미국은 하루 10만 명을 넘어서 있고, 올림픽 개최를 앞둔 일본은 2,000명을 넘겼다. 유럽은 이미 상당 국가가 봉쇄에 들어간 상황이다.

1차 팬데믹 당시에는 급격한 쇼크 상태에 빠졌다. 하지만 2차 팬데믹을 겪고 있는 상황에서 미국은 백신 접종을 시작했고, 시장은 제자리를 찾고 있다. 무엇보다도 강력한 부양책에 대한 기대감으로 가치보다 비싼 오버슈팅 구간에 들어서 있다.

이처럼 가끔 경제와 증시가 서로 상반되는 방향으로 나아가기도 하지만, 장기적인 안목으로 보면 경제와 증권 시장은 동일한 방향으로 진행된다. 이번에도 그럴 것이다.

약세장의 기간과 하락률

연도	하락 기간(일수)	S&P500지수의 하락률
1946~1947	353	−23.2%
1956~1957	564	−19.4%
1961~1962	195	−27.1%
1966	240	−25.2%
1968~1970	543	−35.9%
1973~1974	694	−45.1%
1976~1978	525	−26.9%
1981~1982	472	−24.1%
1987	101	−33.5%
1990	87	−21.2%
1998	45	−19.3%
2000~2001	546	−36.8%
2002	200	−32.0%
2007~2009	515	−57.6%

약세장에서 강세장으로의 전환 시 상승률

약세장의 저점 시기	S&P500지수의 12개월 이후 상승률
1949년 06월 13일	42.07%
1957년 10월 22일	31.02%
1962년 06월 26일	32.66%
1970년 05월 26일	43.73%
1974년 10월 03일	37.96%
1982년 08월 12일	59.40%
1987년 12월 04일	22.40%
2001년 09월 21일	33.73%
2002년 07월 23일	17.94%
2009년 05월 09일	69.49%

"시장 가격은 제멋대로 움직인다. 그렇기 때문에 과거와 오늘의 금융 시장으로 내일을 예측할 수 없다."

— 버튼 멜키엘

주가의 움직임은 주정뱅이의 걸음걸이다

외환 시장과 주식 시장은 아주 밀접하게 얽혀 있다. 통상 주가와 환율은 반대로 움직인다. 환율이 상승하면 주가는 하락하고, 환율이 하락하면 주가는 상승한다. 모두가 수학 공식처럼 알고 있는 것이지만, 한 걸음만 더 들어가보자.

국내 주식 시장에서 개인 투자자나 기관 투자자들이 주식 매매를 하기 위해서는 원화가 필요하고, 이 돈으로 주식을 매수한다면 주가는 자연스럽게 상승하게 된다. 하지만 외국인 투자자들의 상황은 다르다. 외국인 투자자가 달러로 매매하면 외환 시장이 움직이고, 반대로 원화로 매매하면 주식 시장이 움직인다.

가령 외국인 투자자가 국내 주식 시장의 A종목을 매수하기 위해서는 원화로 거래를 해야 한다. 그러기 위해서는 달러를 매도하고 원화를 매수한 후에 국내 주식에 투자할 수 있다.

이에 따라 외환 시장에서는 달러량이 늘고, 반대로 원화량은 줄어들게 된다. 달러 대비 원화량이 줄어들다보니 원화 가치는 상승하고 원/달러 환율은 하락하게 된다. 하지만 국내 주식 시장은 투자금이 유입되면서 주가는 상승하게 된다.

반대의 경우도 마찬가지다. 외국인 투자자가 국내 주식을 매도한다고 가정해보면, 정반대의 상황이 나타난다. 국내 주식을 매도한 후 원화를 기축통화인 달러로 환전하게 되면 달러량이 줄고, 반대로 원화량은 늘어나 원/달러 환율은 상승하게 된다. 반면 국내 주식 시장에서는 외국인 투자자의 투자금이 회수된 결과 주가는 하락세로 접어들게 된다.

하지만 환율과 주식 시장이 서로 연관성이 있다고 해서, 그대로 주식 시장에 적용하는 데는 무리가 있다. 미시적 관점에서 개별 종목에 이러한 공식이 통용된다고 볼 수도 없다. 사실 주가의 변동은 사회 전체에 큰 영향을 미친다. 그렇다면 과연 주가의 변화를 예측할 수 있을까?

많은 주식 전문가들은 주가의 방향성에 대응하기보다는 예측하여 말한다. 그러다가 어느 순간 사라진다. 만약 주가를 예측할 수 있다면 방송에 출연하지도 책을 쓰지도 않을 것이다. 상승할 주식에 미리 투자하여 수익을 챙기는 행위가 훨씬 이득이기 때문이다.

루이 바슐리에는 "주가의 움직임은 주정뱅이의 걸음걸이다."라고 했고, 존 메이너드 케인스는 "대부분 옳다고 생각하는 투자 대안을 제안하자니 너무 비싸서 문제고, 독특한 투자 제안은 또 독특한 문제를 일으킨다. 그래서 차라리 아무 제안도 하고 싶지 않은 심정이다."라고 했듯이 시장 가격을 예측하는 것은 불가능하다.

과거 유명한 한 애널리스트는 종합주가지수가 3,000p까지 상승할 거라는 리포트를 발표했는데 오히려 지수가 하락하자, 책임을 지고 자리에서 물러난 일도 있었다.

무엇보다 기술 변화가 너무 빨리 진행되고 있기 때문에 경제 예측이 쉽지 않다. 자동차, 전기자동차, 스마트폰, 빅데이터, 인공지능, 바이오, 비대면 등 개별 품목과 환율, 부동산, 증시, 금리 등 경제지표나 정보를 바탕으로 미래를 예측하는 데는 한계가 있다.

주가 움직임에 관한 첫 학문적 연구는 프랑스 물리학자 루이 바슐리에 박사에 의해 이루어졌다. 그는 금융 시장의 가격 변동을 브라운 운동Brownian motion으로 모형화했다. 브라운 운동이란 작은 입자의 불규칙적이고 활발한 운동을 말하는 것으로, 1827년 영국의 식물학자 로버트 브라운이 물속에서 꽃가루 입자를 현미경으로 관찰하던 중에 발견했다. 처음에는 꽃가루 입자가 살아서 움직이는 것으로 판단했으나, 담뱃재 입자들도 동일한 방법으로 움직이는 것을 확인하게 된다.

브라운 운동은 주가의 움직임이 일정한 패턴을 따른다는 기술적 분석에 대하여 반기를 든 이론이다. 브라운 운동을 처음 발표했을 때 학계는 그의 이론에 주목하지 않았다. 하지만 경제를 이루고 있는 요소들이 다양화, 다변화되면서 그의 이론은 설득력을 갖기 시작했다. 그만큼 주가를 기술적 분석만으로는 설명할 수 없는 상황들이 연출된 것이다.

시장의 예측성을 떨어뜨리는 다양한 요인 중 하나로 외국인들의 수급 변화를 들 수 있다. 외국인들은 전날 유가증권 시장에서 1,000억 원어치를 사들였다고 하더라도, 하루 만에 1,000억 원 순매도로 방향을 틀 수 있다.

즉 10일 연속 '사자' 행보를 보였다가도 하루걸러 한 번씩 순매수와 순매도를 반복한다면, 코스피지수 역시 기술적 분석을 통한 예측과는 상관없는 방향으로 움직이게 된다.

과거의 주가 움직임을 통해
미래의 주가 움직임을 예측하는 것은
주정뱅이가 전에
어느 방향으로 발을 내딛었나를 보고
앞으로 내딛을 방향을 예측하는 것과 같다.

미래의 주가를 예측할 때 과거의 확정된 정보 및 공개된 불확실한 정보를 토대로 분석할 수밖에 없기 때문에, 그것을 결코 과신해서는 안 된다.

☆☆☆

시장의 이례 현상은 효율적 시장가설에 빗나가는 주식의 패턴을 말한다. 즉 주가가 이론적으로 설명되지 않는 부분이 지속적으로 나타나는 현상이며, 현실과 이론의 차이라고 할 수 있다. 그렇다면 먼저 이례 현상의 반대 개념인 '효율적 시장가설'부터 알아보자.

효율적 시장가설Efficient Market Hypothesis이란 자본 시장의 가격에 모든 정보가 충분히 반영되어 있어서 어떤 투자자라도 거래를 통한 초과 수익을 얻을 수 없다는 이론이다. 효율적 시장가설은 세 가지로 분류될 수 있는데, 각각의 가설은 반영되는 정보의 범위에 따라 약형, 준강형, 강형 시장가설로 구분된다.

약형 EMHweek-form EMH에 따르면 현재의 시장에서 거래가 가능한 금융자산의 가격은 이용 가능한 모든 과거 정보를, 준강형 EMHsemi strong-form EMH에 따르면 모든 공개된 정보를, 강형 EMHstrong-form EMH에 따르면 비공개 정보를 포함한 모든 정보를 충분히 반영한다고 주장한다.

그러나 현실에서는 투자자들의 심리적 요인들과 경제, 사회 전반의 현상이 복합적으로 작용하는 결과로 기존의 분석과 예상에 어긋난 수익 구조가 반복적으로 발생했다.

그러면서 사람들은 '주식 시장이 정보효율성을 갖는가?'에 대해 의문을 품기 시작했다. 이러한 현상은 이론적으로 정확히 개념 지을 수 없지만 반복적으로 지속되는 일정한 패턴을 보였으며, 이것을 시장 이례 현상으로 정리했다.

첫째, 다른 달에 비해 1월에 주가가 많이 오르는 이례적 현상이 나타났다. 1984년부터 1994년까지 11년간 코스피의 월평균 상승률을 분석한 결과 월평균 상승률은 2.01%에 불과했던 반면 1월의 상승률은 평균 4.30%로 2배가 넘었다. 또한 1970년 이후 미국 증시의 3대 지수나스닥, 다우존스, S&P500도 1월과 2월의 수익률이 가장 높았다.

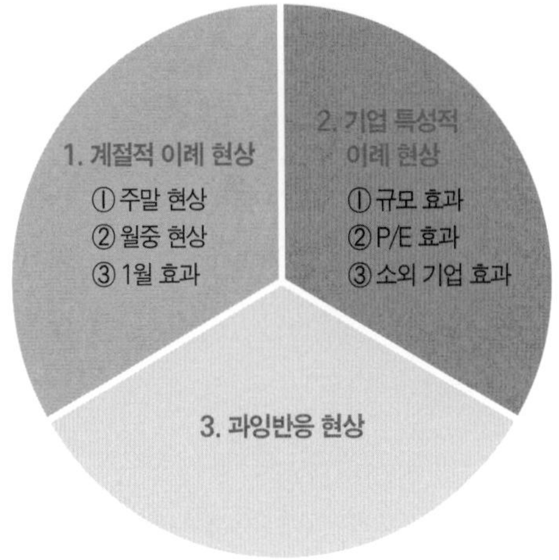

둘째, 예상치 못했던 뉴스에 대해 주가가 과잉반응하는 현상으로, 우리 증시의 경우는 북한 관련 뉴스가 대표적이다. 하지만 이와 같은 뉴스는 2000년대에는 학습 효과로 인해 시장에서 별다른 영향력을 발휘하지는 못하고 있다.

셋째, 월요일의 주가 상승률이 다른 요일에 비해 유난히 낮다. 통계에 따르면 금요일에는 주가가 높고, 월요일에는 주가가 낮다. 하지만 주말 효과를 역이용하는 외국인이나 기관 투자자들로 인해 금요일에 주가가 떨어졌다가 월요일에 올라가는 현상도 빈번히 발생한다.

넷째, "월말에 사서 월초에 팔라."는 투자 격언이 말해주듯이 월 초반이 월 후반보다 평균수익률이 높게 나타난다. 이 현상은 '월중 효과'라 하여 미국의 아리엘이 1963년부터 1981년까지의 수익률 자료를 이용하여 발견한 것이다.

다섯째, PER값이 낮은 주식의 수익률이 PER값이 높은 주식보다 높게 나타나는 현상이다. PER값이 높다는 의미는 주당 이익에 비해 주식 가격이 높다는 것이므로 잠재적 매도자로 인해 미래에 수익이 날 개연성이 낮다.

여섯째, 기관 투자자들이나 증권 분석가들의 관심 밖에 있는 종목들이 오히려 수익률이 높게 나오는 현상이다. 이런 현상은 투자자들이 정보 부족에 대한 프리미엄과 비효율적 가격 결정의 존재로 발생한다.

"만약 시장이 항상 효율적이었다면, 나는 거리에서 동전을 줍는 노숙자가 되어 있을 것이다."

— 워런 버핏

주식 시장에서 합리성과 효율성을 바라지 마라

주식 투자에서도 현재 시장의 관심을 받고 있는 인기주를 사려면 높은 비용을 지불해야 하지만, 시장의 관심을 받지 못하고 있는 소위 소외주들은 낮은 비용으로 사들일 수 있다.

그러나 소외될 만한 충분한 근거가 있는 주식을 매수하면 안 된다. 즉 기업의 실적이 감소하고 있는 주식은 배제해야 한다. 수요자 입장에서 고려할 때 시대 흐름에 뒤처진 기업, 기존의 기술력을 단순히 재생산하는 수준에 머물러 있는 기업도 제외시켜야 한다.

투자자들은 손해에 민감하게 반응한다. 당장 이익이 없는 약세장에서는 투자를 꺼리다가, 상승장으로 전환되면 그제야 투자를 시작한다. 그러다가 하락 장세로 전환되면 담갔던 발을 빼지 못하고 손실을 보는 것이다.

심리학자 다니엘 카너먼이 게임을 하나 제안했다. 동전을 던져서 앞면이 나오면 1,000만 원을 주겠다는 것이다. 하지만 뒷면이 나오면 500만 원을 내놓아야 한다. 과연 사람들은 이 내기에 응할까? 응하지 않을까?

대부분의 사람들은 머뭇거리다가 결국 거절한다. 이길 수 있는 확률이 충분히 있는 데도 말이다. 왜 이런 결론이 도출되었을까?

커너먼은 "일반적으로 사람들은 이익을 얻는 쪽보다 손실을 보지 않는 쪽으로 결정하려는 경향이 있다. 어쨌든 손해가 나는 것이 싫은 심리가 작용하는 것이다."라고 말했다. 그만큼 사람들은 이익을 얻을 기회보다 손해를 볼 가능성에 더 주목하는 경향이 짙다.

동전 던지기 사례에서처럼 대부분의 투자자들은 검증되지 않은 바닥권에서는 매수를 꺼리지만, 상승 추세가 보이면 올라타 이익을 쫓으려 한다. 투자자들이 주저하다 올라탄 시점에는 이미 주가가 오를 때로 오른 상태가 대부분이라, 금세 하향 곡선을 그리는 경우가 많다. 결과적으로 보면 손실을 회피하려는 심리가 오히려 손실을 부르는 것이다.

주식 시장에서 효율성이 극대화된다는 것은 곧 모든 정보가 주식 가격에 즉각 반영된다는 것을 의미한다. 또한 주식 시장 참가자들은 모두가 합리적이며, 이성적이고, 모든 정보를 알고 있다는 것을 전제로 한다. 특정한 몇몇 투자자만이 먼저 정보를 알고 주식 투자를 하는 것이 아니라, 어떠한 정보든 투자자 모두에게 공개되며 모든 투자자들이 합리적 이성을 가지고 정확한 판단을 한다는 것이다.

따라서 투자자라면 누구나 지수 상승만큼 동일하게 수익을 얻을 수밖에 없고, 초과 수익을 얻는 투자자는 없게 된다.

이러한 주식 시장에서의 '효율적 시장이론'을 발표한 유진 파마 교수는 '침팬지와 펀드매니저의 다트 던지기 실험'을 진행했다. 실험에서 침팬지가 다트를 던져 고른 종목으로 짠 포트폴리오와 펀드매니저가 짠 포트폴리오로 수익률 게임을 했는데, 그 결과 침팬지가 펀드매니저를 이겼다.

즉 효율적 시장가설을 기초로 한다면 주식 투자를 할 때는 무작위로 종목을 선정해도 전문가와 차이 없는 성과를 낼 수 있다는 것이다.

☆☆☆

그렇다면 여러분에게 질문을 하고 싶다. 여러분은 주식 투자로 돈을 벌고 있는가?

수익을 얻고 있어도, 손실을 보고 있어도 주식 시장은 효율적 시장이 아니다. 쉽게 말해서 항상 본전이어야만 효율적 시장인 것이다.

주식 투자자라면 경험에 의해 아래와 같은 사실을 알고 있다.

첫째, 소형주는 대형주에 비해 주가의 상승 폭이 크다.

둘째, 매년 1월은 다른 달에 비해 주가의 상승률이 더 크다.

셋째, PER이 낮은 주가가 상승 여력이 크다.

이 세 가지 사실만 봐도 주식 시장이 비효율적임을 알 수 있다. 주식 시장이 효율적 시장이라면 모든 정보는 곧바로 주가에 반영되어야 한다. 과연 그런가?

조지 애커로프가 〈레몬 시장〉이라는 논문에서 발표한 사례를 보자.

중고차를 거래하는 시장이 있다. 자신이 타던 중고차를 팔려는 사람은 중고차를 사려는 사람보다 그 차에 대해서 더 많은 정보를 가지고 있다. 이를 정보의 비대칭성이라 한다.

이 상황에서 중고차 매매 가격이 100만 원에 형성되었다고 가정하자. 100만 원보다 더 높은 품질을 가진 중고차를 보유한 사람들은 차를 판매하지 않고 시장을 떠날 것이다. 그러면 전체 중고차의 품질은 낮아지고, 가격도 100만 원보다 낮아진다. 낮은 가격 때문에 다시 좀 더 나은 품질을 가진 중고차 보유자들이 시장을 떠나게 되고, 자동차의 품질과 가격이 낮아지는 일이 계속해서 반복된다.

이처럼 정보의 비대칭으로 인해 비정상적인 선택이 일어나는 것을 역선택이라 한다.

주식 시장에서 중고차 딜러는 기관이나 외국인이 될 것이고, 중고차를 매수하려는 사람은 개인 투자자다.

보이지 않는 손에 의한 시장의 효율성은
주식 시장에서 기대하지 않는 편이 좋다.
모든 가격은 수요와 공급에 의해 결정된다.
하지만 이는 합리성과 비합리성을 모두 가진다.

예컨대 사람들이 경기가 안 좋다고 저축을 하는 건 합리적인 선택이다. 하지만 모든 사람들이 합리적으로 행동하여 저축만 한다면 수요는 줄어들게 되고, 시장은 더욱 악화되며, 경기는 더욱 나빠질 것이다.

주식 시장은 워런 버핏과 조지 소로스가 말한 것처럼 효율적이지 않다. 시장은 항상 탐욕과 두려움이 상존하는 곳이며, 작전 세력은 고의로 주가를 올리기도 하고 낮추기도 한다. 이런 총성 없는 싸움터에서 효율성을 바라는 순진한 어리석음을 가지고 주식 시장에 들어오지 말기 바란다.

'아무 주식이나 매수하여 장기간 보유하면 오를 것이다?'라고 생각하는 것은 금물이다. 주식 시장은 비효율적 시장이다.

> "투자 정보지나 기업체 임원이 아니라 쇼핑몰과 가족들에게서 대박주를 찾아라. '이 멋진 걸 누가 만들었을까?'라고 자주 질문을 던져라."
>
> — 피터 린치

내 기준이 아니라, 미스터 마켓의 기준에 맞춰라

우리는 '소유하고 싶다'는 감성적 본능에 이끌린다. 쇼핑몰에 들어서면 걷고 또 걷는다. 눈을 사로잡는 물건들의 감촉을 느껴보고, 코로 냄새도 맡아보고, 제품에 대한 상세한 설명을 듣기도 하고, 한 손에 테이크아웃한 커피를 마시면서 신이 인간에게 준 모든 감각을 이용하여 분석하고 마침내 선택한 물건을 구매한다.

사소한 물건을 하나 사더라도 실제로 돈을 지불하려면, 이것저것 따져보고 비교한 후에 결정한다.

하지만 사람들은 주식 시장에 오면 이러한 일반적인 쇼핑 방법, 합리적인 소비 행태를 까맣게 잊어버린다. 가치를 따지지 않고 무작정 남들이 좋다고 하는 주식에 덩달아 흥분해서 주식을 매수한다.

증권방송에 출연한 전문가나 애널리스트들이 사라고 추천하는 주식에 귀가 솔깃해진다.

"미래의 새로운 물결을 선도할 유망 기업이다!"

"새로운 패러다임의 주인공이 될 수 있는 기업이다!"

이런 얘기를 들으면 투자자들은 '이렇게 매력적인 주식을 사지 않으면 굉장한 기회를 잃어버릴지도 몰라'라고 생각하면서 조급해한다.

주식 시장에서 대부분의 투자자들은 그 종목을 매수한 이유에 대한 대답이 두루뭉술하다. 최소한 자기가 쇼핑한 물건을 산 이유만큼이나, 자신이 선택한 투자 종목에 대해서 이야기할 수 있어야 한다. 아니, 물건을 구입하는 행위보다 몇 배의 노력이 더 필요하다.

쇼핑과 주식 투자를 비교하여 주식 투자자들이 갖추어야 할 올바른 자세를 정리해봤다.

첫째, 디테일에 강해져야 한다.

디테일의 사전적 의미는 세부, 세목, 상세, 세부 묘사 등의 뜻이다. 그리고 요즘 쇼핑족들이 말하는 '디테일하게'라는 의미는 '자세하게, 소상하게, 조목조목' 등의 뜻으로 쓰인다. 디테일의 본래 의미와는 좀 멀다고 느낄 수 있지만, '섬세하다'는 의미로까지 확장할 수 있다.

마찬가지로 투자자들에게도 디테일이 요구된다. 먼저 차트 구성 요소를 차근차근 따져봐야 한다. 이동평균선은 어떤지, 캔들은 어떤 모양인지, 거래량은 증가했는지 감소했는지, 어떤 사업을 영위하고 있고 경쟁력은 무엇인지와 같은 기본적인 사항은 반드시 알아야 한다.

다음은 《디테일의 힘》에 나오는 이야기다.

중국의 한 업체가 냉동새우를 유럽에 수출했으나 수입 거부는 물론 손해배상까지 청구당했다. 1,000t의 냉동새우에서 항생제 0.2g이 발견되어 통관 불허 결정이 난 것이다. 원인을 알고 보니 냉동새우 껍질을 벗기는 직원이 손에 난 습진을 치료하려고 소독약을 바른 채 맨손으로 작업했던 것이 화근이었다.

검사에서 발견된 항생제는 전체 물량의 50억 분의 1밖에 안 되는 극소량에 불과하다. 하지만 장갑 착용 등 위생관리를 철저히 하지 않는 기업이었기 때문에 그런 엄청난 결과에 이른 것이다.

"하나를 보면 열을 안다."라는 속담처럼 현명한 투자자들은 하찮은 것, 작고 사소한 것, 잘 드러나지 않는 것을 인식할 수 있어야 한다.

둘째, 꼼꼼해야 한다.

주식을 매수할 때는 쇼핑하듯 빈틈이 없이 차분하고 조심스러워야 한다. 쇼핑할 때 미리 필요한 물품을 메모하고 집을 나선다면 필요 없는 물품을 구입할 확률은 낮아진다. 이처럼 투자자들도 관심 있는 종목을 미리 정한 후, 선정 종목 위주로 분석한다면 충동 매매를 할 가능성도 현저히 줄어든다.

셋째, 의심해야 한다.

의심은 상대방을 확실히 알 수 없어서 믿지 못하는 감정이다. 일반적으로 타인을 의심하는 것은 도덕적으로 나쁘게 인식되고 있으나, 적당한 의심이 있어야 일상생활이 가능하다는 다른 견해도 있다.

그렇다면 투자자는 어떻게 해야 하는가. 종목을 선택할 때 긍정적인 평이 많다면 먼저 의심부터 하라. 오늘 '1분기 실적 서프라이즈'라고 발표했다가도 내일 '기대에 못 미치는 실적'이라고 발표하는 게 주식 시장의 현실이다.

넷째, 계획성 있는 투자를 해야 한다.

만약 가치 투자 계획을 세웠다면 그에 맞는 종목을 선별하라. 가치 투자라면 시세에 연연하지 말아야 한다. 낮은 주가로 거래되는 기업에 투자하여 그 기업이 실제 가치를 평가받을 때까지 기다리는 것이 가치 투자의 원칙이 아니던가.

워런 버핏은 "시세창을 보지 말고 사업의 가치 변화를 봐라." "거시경제를 무시하고 개별 기업의 지속 가능한 미래 수익에 초점을 맞춰라." "시장의 예측을 무시하고, 사업을 분석하라."와 같은 격언을 남겼듯이 시장의 방향을 예측하려는 것은 어리석은 행동일 수 있다.

주식 투자자라면 좋은 주식을 사기 위해 많은 시간을 할애해야 하며, 매수하는 이유를 분명하게 아는 똑똑한 쇼핑족이 되어야 한다.

피터 린치는 "세계 최대의 에너지 기업인 엑슨모빌의 회장 정도가 돼야, 정유 산업이 호황이라거나 국제 유가가 오르고 있다는 사실을 미리 알 수 있는 건 아니다."라고 말한다. 그의 말처럼 에너지 기업의 회장이나 관련 전문가만 국제 유가의 호황 또는 불황을 알 수 있는 것은 아니다. 에너지 전문가는 아니지만 우리 스스로도 국제 유가의 호황과 불황을 느낄 수 있다. 다만 그 사실을 인식하지 못하고 있는 경우가 대부분이다.

모든 투자자가 바라는 단 한 가지가 있다면 그건 바로 내일자 신문이 아닐까?

내일 일어날 일들을 알 수 없기에 성공 투자를 위한 기술적 분석, 기본적 분석 등 수많은 방법론이 연구되고 있고, 심지어는 미신에 의존하기도 한다.

투자를 하는 이유는 아무리 치장을 해도 결국에는 돈을 벌기 위해서다. 대박주를 찾기 위해 수학적 계산이나 컴퓨터 프로그램을 이용하는 것이 아닌, 누구나 할 수 있는 방법은 바로 우리 주변을 관찰하는 것이다.

대박주는 우리 주변에 있다.
많은 수익을 주는 종목을 찾기에
가장 적합한 장소는 집이다.
집 근처가 아니라면 직장 주변을 둘러봐도 된다.
피터 린치는 던킨도너츠, 타코벨, GAP 등을
일상 속에서 발굴하여 높은 수익률을 기록했다.

☆☆☆

주식 시장은 헤아릴 수 없이 수많은 주체가 각자의 이익을 위하여 복잡하게 얽혀 있다. 그렇기 때문에 시장의 전반적인 상관관계가 떨어지는 것은 물론이고, 같은 섹터 안이라고 해도 개별 종목에 따라 주가 움직임이 차별화되는 양상이 점차 뚜렷해지고 있다.

이런 상황 속에서 모든 시황을 챙기려 한다면 아마도 머리가 터질지도 모른다. 모든 분야를 다 알려고 하지 마라. 알려고 노력하면 할수록 싱크홀로 빠져들 것이다. 관심 있는 분야에 집중하라. "아는 사람은 좋아하는 사람만 못하고, 좋아하는 사람은 즐기는 사람만 못한다."라는 말도 있지 않은가.

리포트를 작성하여 시장에 발표하는 애널리스트만 봐도 거시경제 분야, 투자 전략 분야, 시장 분석 분야, IT·반도체 분야, 내수·소비재 분야, 중화학 분야, 금융 분야 등으로 전문화·세분화되어 있다.

아직도 모든 시황을 일일이 체크해야 한다고 생각하는가? 한 분야만 아는 절름발이 지식으로 돈을 벌 수 없다고 생각하는가?

말콤 글래드웰은 《아웃라이어》에서 "전문가들은 어느 한 분야의 진정한 전문가가 되기 위해 필요한 노력을 시간으로 계산했다. 그것은 바로 1만 시간이다. 1만 시간은 대략 하루 세 시간, 일주일에 스무 시간씩 10년간 연습한 것과 같다."라고 말하고 있다. 한 분야의 전문가가 되기도 이처럼 어려운데, 모든 분야에 대해 공부하고 투자를 결정한다는 것은 현실적으로 어려운 일이다.

그러나 한 분야의 전문가가 되라는 말의 의미를 오해하지 마라. 자신이 알지 못하는 분야에 시간을 투자하여 공부하라는 말이 아니다. 자신의 위치에 맞고, 관심 있는 분야를 심도 있게 파헤치라는 말이다.

만약 투자자가 주부이면서 평소 가정용품이나 생활용품에 관심이 있었다면, 관련 분야의 기업들을 분석해야 한다. 가정용품이 실용성은 있는지, 디자인이 만들어진 제품에 맞게 잘 실체화되어 있는지, 다양한 기능이 갖추어져 있는지, 다른 주부들에게 좋은 평을 받고 있는지 등 주부의 위치에서 쉽게 알 수 있는 부분부터 시작하라. 투자자 자신이 알지 못하는 분야의 소문을 듣거나 방송을 보고 선택한 종목보다는 상승 가능성이 훨씬 높다.

위와 같은 과정을 거친 후에 종목을 매수한 투자자와 과정을 거치지 않은 투자자는 주가가 하락했을 때 엄청난 차이를 보인다. 매수 이유가 분명치 않은 투자자는 "손절매를 해야 하나?" "추가 매수를 해서 평균단가를 낮출까?" 하면서 불안해한다.

하지만 전문지식을 가지고 매수한 투자자는 기다릴 줄 안다. 매매 시점이 조금 빨랐을 뿐 오를 거라는 확신이 있다. 시장에서의 평가가 좋다면 기업의 실적은 좋아질 테고, 그에 따라 주가도 상승할 것이기 때문이다.

전문지식을 다른 사람에게서 얻게 될 것이라고 생각하지 마라. 투자에 필요한 지식은 각자가 가지고 있는 테두리 안에서 축적한 만큼 얻게 될 것이다. 필요할 때마다 찾아 쓸 수 있는지 없는지는 평소의 노력에 달려 있다.

성공 투자는 복권이 당첨되는 것만큼 어렵다. 지치지 않는 호기심을 갖는 한 분야의 전문가가 되라.

> "귀금속, 원자재, 예술품 같은 유기물은 새로운 현금 가치를 창조하지 않기에 하이퍼 인플레이션 상황이 아니라면 투자 가치가 거의 없다. 주식이나 채권 투자에서는 수익을 재투자하는 복리 효과를 통해 자동적으로 가치 증식이 이루어지지만 유가물은 그렇지 않다. 때문에 유가물에 대해서는 투자가 아닌 투기를 하는 것이다."
>
> — 앙드레 코스톨라니

마법의 재테크, 주식 투자는 복리다

왜 복리를 '마법의 재테크'라고 할까? 아인슈타인은 "복리는 인류의 가장 위대한 발견이다."라고 극찬을 했고, 워런 버핏은 복리에 대해서 "어머니가 내게 복리의 중요성을 강조하기 시작한 순간부터 더 이상 진도를 나갈 필요가 없었다."라고 말했다.

왜 복리를 세상의 '여덟 번째 불가사의'라고 할까? 주식 투자를 할 때 월 2~3%의 수익률을 꾸준히 낸다면 10년 후 수익률은 얼마나 될까?

투자 원금을 1,000만 원이라 하고 계산해보자. 투자 기간을 10년으로 잡고 월 2%의 수익을 가정했을 때, 1억 7백만 원이 된다. 월 3%의 수익을 낸다면 3억 4천 7백만 원이다.

투자 기간을 10년이 아닌 20년을 잡고 다시 한 번 계산해보자. 월 2%의 수익을 가정하면 11억 5천 8백만 원이 되고, 월 3%의 수익을 가정하면 120억 4천 8백만 원이 된다.

금융 전문가들 사이에는 '72의 법칙'이라는 것이 있다. 복잡한 복리 계산을 대신하는 간단한 법칙이다. 원금 1,000만 원을 연 10%의 이율로 1년간 맡기면 단리나 복리나 모두 1년 후에는 1,100만 원이 된다.

그러나 3년을 맡기면 단리는 1,300만 원이지만 복리로는 1,331만 원이 된다. 이때부터 미세한 차이가 나타나기 시작한다. 복리는 시간이 지날수록 가속이 붙어 늘어나기 때문에 계산이 지극히 난해해진다.

5년 후면? 단리는 1,500만 원, 복리는 1,610만 원이 된다.

그럼 원금이 2배로 불어나는 시점은 언제일까? 단리로는 이율이 연 10%일 때 원금이 2배로 불어나기 위해서는 10년이 필요하다. 그럼 복리로는 얼마나 시간이 필요할까?

바로 '72'라는 숫자를 이자율로 나누면 간단히 답이 나온다. 72를 이자율 10으로 나누면 7.2가 된다. 원금이 2배가 되는데 필요한 시간은 7.2년이라는 것이다. 만약 이자율이 5%라면 2배가 되는 데 필요한 시간은? 72를 5로 나누면 14.4년이 된다.

☆☆☆

72의 법칙은 복리를 전제로 자산이 두 배로 늘어나는 데 걸리는 시간을 계산하는 방식이다. 예를 들어 은행에 복리가 적용되는 상품에 가입했는데 금리가 연 5%라고 하자.

'72의 법칙'을 적용해서 72를 5로 나누면 투자 자산이 2배가 되는 시간은 14.4년이 된다.

맨해튼을 단돈 24달러에 팔아넘긴 인디언 이야기를 아는가. 존 템플턴은 《월가의 신화에서 삶의 법칙으로》에서 "1626년 당시 네덜란드인들이 인디언에게 맨해튼을 통째로 넘기는 대가로 지급한 돈은 고작 60길더24달러, 그것도 현금이 아닌 장신구와 구슬로 대신했다. 누가 보더라도 인디언들이 '바보짓'을 했구나 싶을 수밖에 없다. 그렇지만 복리의 세계에서는 이 결과가 전혀 다르게 나타난다. 인디언들이 땅값으로 받은 물건을 현금으로 바꾼 다음 연 8%의 복리로 이자를 주는 채권을 샀다면, 맨해튼을 두 번 사고 자투리 돈으로 LA까지 살 수 있었다."라고 지적했다.

72의 법칙을 투자에서 발생된 수익 전액을 재투자하는 방식으로 주식투자에 적용한다면 어떤 결과가 나올까? 주식 투자로 원금을 2배로 늘리려면 월 몇 %의 수익을 내야 할까?

1년, 2년, 3년을 기준으로 알아보면, 첫 번째로 1년의 경우는 12개월이므로 72를 12로 나누면 월 6%의 수익을 내야 한다.

두 번째 2년의 경우는 24개월이므로 72를 24로 나누면 월 3%의 수익을 내야 한다.

세 번째 3년의 경우는 36개월이므로 72를 36으로 나누면 월 2%의 수익을 내야 한다.

1년 12개월 72 ÷ 12 = 6%↑

2년 24개월 72 ÷ 24 = 3%↑

3년 36개월 72 ÷ 36 = 2%↑

이런 72법칙이 투자자들에게 주는 의미는 무엇일까.

첫째, 투자는 가능한 한 일찍 시작해야 한다. 가진 돈이 적더라도 부족하면 부족한대로 투자를 하면 자신도 모르는 사이에 투자금이 불어나 있을 것이다.

둘째, 수익을 재투자해야 한다. 수익금을 재투자하지 않으면 투자금이 늘어나는 시간이 결코 단축될 수 없다.

셋째, 투자에는 목표 설정과 점검이 중요하다. 72의 법칙은 기간에 따라 수익률을 계산하거나 수익률에 따라 기간을 계산할 때 사용되는 법칙이다. 따라서 투자에 분명한 목표수익률 및 기간를 설정할 수 있다. 또한 구체적으로 목표에 근접하고 있는지를 정기적으로 점검해서 보완할 수 있다.

☆☆☆

복리의 개념으로 주식 투자를 하여 마술처럼 돈을 번 사람이 바로 투자의 귀재라고 불리는 워런 버핏이다. 그는 평균 26.5%의 수익을 내면서 수익금을 다시 주식에 투자함으로써 복리 효과를 노렸다. 그리하여 그는 지금까지도 세계 부자 순위 Top 10에 이름을 올리고 있다.

복리의 마술에 사로잡혀 주식의 세계로 뛰어든 투자자도 분명히 있을 것이다. 투자자 모두가 투자만 하면 돈이 돈을 벌어주는 복리의 마술을 누릴 수 있다면 얼마나 좋겠는가. 하지만 현실에서는 하이에나와 같은 맹수들의 위험들이 끊임없이 출현했다가 사라지면서 투자자의 자금을 노린다. 그 주식 시장 안에서 꾸준히 월 2%의 수익률을 달성하기에는 현실적으로 어려움이 많다.

무엇보다 투자는 많이 버는 것보다
잃지 않는 것이 중요하다.
투자금 100만 원이 50% 하락하면 50만 원이 된다.
그런데 50만 원이 다시 100만 원이 되기 위해서는
100% 올라야 하기 때문이다.

복리 효과를 누리기 위해서는 주식을 투자하는 동안 손해가 없어야 한다. 매매 원칙 없이 충동 매매를 일삼는다면 당연히 복리 효과도 없다. 확고한 매매 원칙 아래 주식 매매를 하는 투자자라도 계속해서 손실 없는 매매를 이어 가는 것은 어렵지만, 그럼에도 복리의 환상 또한 떨쳐 버리기는 어렵다.

주식 투자에서 복리의 마술은 악마의 모습도 갖고 있다. 이른바 복리의 함정이 그것이다. 주식의 주가가 올라도 복리, 주식의 주가가 내려도 복리이기 때문이다. 예컨대 100%의 수익률을 올렸더라도 50%의 손실이 나면 다시 원금으로 돌아온다. 보유 금액이 많아질수록 이익금보다 원금을 지켜야 하는 이유다.

가치 투자의 전설 워런 버핏은 복리에 대해, "만약 건실한 기업이 배당을 하지 않고 그 배당금으로 회사에 재투자한다면, 단기적으로는 배당을 받지 못하더라도 장기적으로는 주가 상승으로 인해 더 큰 수익을 챙길 수 있다."라고 말한다. 실제로 워런 버핏은 버크셔 해서웨이를 통해 배당금을 재투자하여 더 큰 주가 상승으로 수익을 창출할 수 있음을 증명하기도 했다.

주식이 위험자산임을 어느 정도 인지한 요즘 개인 투자자들은 과거에 비해 투자 패턴이 점점 더 영리해지고 있다. 일정한 수익을 실현하고 있는 일부 투자자는 적은 돈으로 철저한 리스크 관리를 통해 자산을 불리는가 하면, 계획성 있는 투자로 복리의 마법을 이어 나간다.

이처럼 주식에서 보여주는 복리의 마력은 개인 투자자들을 주식으로 이끄는 매력적인 요소다.

투자는 절대 여윳돈으로 해야 한다. 많은 사람들은 그런 돈이 어디 있냐고 반문한다. 그것은 일상생활에서 너무 많은 것을 누리려 하기 때문이다. 하고 싶은 대로 소비를 다하면서는 투자 자금을 모을 수 없다. 일상에서 꾸준히 절약과 저축으로 종잣돈을 쌓자.

그 자금을 가치 투자를 통해 지속적인 복리 수익을 올린다면 시작은 미약하나 그 결과는 어마어마할 것이다. 미래의 꿈을 위해 약간의 고통을 감내하자. 여러분도 자신만의 투자 원칙으로 이런 매력적인 요소를 제대로 활용해 성공적인 주식 투자자가 되기를 바란다.

"확실한 성장 전망이 투자자들에게
확실한 수익을 보장하지는 않는다."

— 벤저민 그레이엄

주식 투자는 줏대 있는 사람을 고집쟁이로 만든다

벤저민 그레이엄의 《현명한 투자자》 서문에 나오는 아이작 뉴턴 일화를 보자. 뉴턴은 알다시피 유명한 천재 물리학자로 가우스, 아르키메데스와 더불어 세계 3대 천재로 꼽히는 사람이다.

뉴턴은 사우스시라는 회사의 주식에 투자하고 있었다. 사우스시는 영국 국채를 인수해서 자기 회사 주식으로 전환해주는 사업을 제안하여 설립된 회사였다. 영국 정부는 중남미 지역의 무역독점권을 그 회사에 주었는데, 그것은 당시로서는 매우 좋은 권리였다.

신비의 대륙 남아메리카, 온갖 미지의 세계가 펼쳐지는 그곳은 꿈의 세계로 불렸다. 황금의 도시, 아니 그보다 더한 것이 있을 수도 있었다.

사우스시가 얻게 된 무역독점권은 너무도 매력적인 것이었다. 뉴턴 또한 같은 생각이었다. 그래서 그도 회사의 주식을 샀고, 한창 상승세 중에 주식을 팔아 7천 파운드의 큰 수익을 얻게 되었다.

하지만 뉴턴은 주식을 판 지 며칠 지나지 않아, 자신의 결정에 대해서 회의가 들기 시작했다. 그는 100%의 수익률을 이미 내고 주식을 매도했지만, '너무 성급한 결정이 아니었을까' 하는 생각이 들었다. 주가는 그가 주식을 판 후에도 계속해서 오르고, 회사에 대한 평가는 날로 높아져만 가고 있었다.

'너무나도 매력적인 회사임에도 주식은 아직도 너무 싼 것이 아닐까? 그렇다. 분명 그럴 것이 분명했다. 수많은 자연의 이치를 통쾌하게 설명할 수 있는 내가 겨우 100%의 수익률만 내고 매도해 버리다니. 오히려 이런 기회에 시장의 선두주자가 되어 어마어마한 수익률을 내서 경쟁학자들에게 나의 현명함을 다시 한 번 널리 알려야 하는 것이 아닐까?'

뉴턴은 결심했다. 그는 다시 주식을 대거 매수하기에 이른다. 두 번째 매수 후에도 뉴턴의 주식은 연일 상승세를 이어 갔고, 그는 근래에 없는 매우 만족한 나날을 보내고 있었다.

그러던 어느 날 이상한 소문이 나돌았다. 본래 남아메리카는 당시 유럽 해상의 패자라고도 일컬을 수 있었던 초강대국 스페인의 지배하에 있었다. 그런데 영국 정부가 사우스시에 무역독점권을 주었다 한들, 스페인 지배하에서는 그것이 대체 무슨 의미가 있단 말인가?

이 소문이 퍼지기 시작하자, 투자자들은 아연 실색하기 시작했다. 실제로 사우스시는 아무것도 할 수 없는 유령 회사에 불과했다. 아이러니

하게도 뉴턴의 법칙대로 시장은 이 소식의 엄청난 힘에 의한 반작용으로 주가가 $\frac{1}{10}$ 수준으로 줄어 버린다.

뉴턴은 주식으로 7천 파운드를 번 뒤 다시 2만 파운드의 손실을 입고 말았다. 2만 파운드는 현재 우리 돈으로 환산하면 20억 원이나 되는 거금이다.

그리고는 이렇게 한탄했다.

"천체의 움직임은 센티미터 단위로까지 측정할 수 있지만, 주식 시장에서 인간들의 광기는 도저히 예상할 수가 없다."

그는 여생 동안 자기 앞에서 '사우스시'라는 말을 금지시켰다. 아이작 뉴턴은 역사상 가장 현명한 사람 중 하나였지만, 주식 투자자로서는 '고집쟁이'였던 것이다.

☆☆☆

노력 없이 얻은 정보로 주식을 매수하는 사람들이 공통적으로 가지고 있는 것이 고집이다. 고집은 자기의 의견을 바꾸거나 고치지 않고 굳게 버티거나, 그렇게 버티는 성미를 말한다. 반면에 줏대는 자기의 처지나 생각을 꿋꿋이 지키고 내세우는 기질이나 기풍이다.

일반적으로 '고집쟁이'는 인기가 없고, '줏대 있는 사람'은 인기가 많다. 부정적인 사람을 지칭할 때는 '고집쟁이'가 되는 것이고, 긍정적인 사람을 의미할 때는 '줏대 있는 사람'이 되는 것이다. 주식도 별 반 차이는 없다.

끊임없는 분석으로 자신만의 원칙을 세운 사람들은
종목을 보는 '줏대가 있는 것'이고,
투자 원칙 없이 주식 투자를 하는 사람은
'고집쟁이'가 되어 간다.

주식은 줏대 있는 사람을 고집쟁이로 변화시킨다. 그런 고집쟁이는 이기적인 주식쟁이가 된다. 그렇기에 '자신만이 항상 옳다'라는 '고집'을 버려야 한다.

투자자는 항상 유연성을 유지해야 한다. 그래야만 미묘한 변화를 읽을 수 있고, 편향된 시야로 시장을 판단하는 실수를 피할 수 있다. 급변하는 시장을 정확하게 예측하는 것은 불가능에 가깝다. 하지만 유연한 관점을 유지하려는 노력이 모이면 손실은 줄일 수 있다.

일상생활에서 우리는 다른 사람의 행동을 쉽게 따라한다. 우리의 뇌는 억지로 남들을 따라하는 상황이 되면, 심지어 그 행동을 자신이 원해서 한 걸로 간주한다. 즉 우리의 감정, 생각, 행동은 주변 상황에 영향을 크게 받는다는 것이다.

여러분도 다수의 매수자가 좋다고 말하면 아무 근거 없이 따라가는 매수를 하고 있지는 않은지, 주식을 매수하는 이유가 주가가 오르고 있기 때문이지는 않은지, 잘못된 투자임을 알면서도 종목 게시판에 기재된 긍정적인 설명에 기대고 있지는 않은지, 심각하게 고민해봐야 한다.

진정한 투자자라면 모두가 "좋다."라고 말하는 종목에 대해 "나쁘다."

라고 말할 수 있는 용기도 필요하다.

동조 효과를 잘 보여주는 커피 광고 심리 실험을 보자. 양과 질이 똑같은 커피가 각각 4,000원과 2,000원이라면 누구나 2,000원짜리를 구매할 것이다. 하지만 연기자들은 일부러 4,000원짜리가 더 맛있다고 거짓말을 한다. 과연 피실험자의 선택은 어땠을까?

예상한 대로다. 대부분 더 비싼 4,000원짜리 커피를 선택했다. 인간은 상황에 지배받는다. 당신의 종목 선택도 이렇지 않는가?

☆☆☆

〈톰 소여의 모험〉, 〈허클베리 핀의 모험〉을 쓴 마크 트웨인은 미국인이 가장 사랑하는 작가다. 그는 주식에 관해서도 유명한 말을 남겼다.

"10월은 주식 투자를 하기에 특별히 위험한 달이다. 다른 위험한 달로는 7월, 1월, 9월, 4월, 11월, 5월, 3월, 10월, 6월, 12월, 8월 그리고 2월이 있다."

사실상 주식 시장에 얼씬도 하지 마라는 경고다. 마크 트웨인이 주식을 증오하게 된 이유가 있다. 그는 '테마주'에 투자했다가 전 재산을 잃었다.

가난한 집안에서 태어난 마크 트웨인의 마음엔 항상 '일확천금'이라는 꿈이 있었다. 그는 소설 쓰는 일 외에도 돈 되는 일이라면 무엇이든 뛰어들었다. 당시 미국에는 광산업 열풍이 뜨거웠다. 금이 나온다는 소식에 많은 사람이 캘리포니아로 몰렸다. '골드러시' 대열에는 미국인뿐만 아니라 영국인, 중국인도 있었다.

거기에 마크 트웨인도 있었다. 그는 직접 금맥과 은맥을 찾아다녔고, 투자까지 했다. 소설로 번 돈에 빚까지 더해 광산회사 여러 곳의 주식을 사들였다. 주가는 급격히 올랐다. 마크 트웨인은 그토록 원하던 부자가 됐다.

하지만 행복은 금세 끝났다. 금광이 바닥났다는 소문이 퍼지자, 순식간에 광산주의 가치는 폭락했다. 마크 트웨인이 가지고 있는 주식은 순식간에 휴지 조각이 됐다. 현재 가치로 수십억 원에 달하는 재산을 날렸다. '테마주' 투자의 슬픈 결말이었다.

마크 트웨인의 사례를 소개하지 않아도 '테마주'의 위험성은 누구나 알고 있다. 하지만 오늘날에도 선거철만 되면 '테마주'는 고개를 들고 누군가는 돈을 잃는다. 마크 트웨인이 남긴 또 다른 명언을 되새겨보자.

"인생에서 투기를 하지 말아야 할 때가 두 번 있다. 한 번은 여유가 있을 때고, 또 한 번은 여유가 없을 때다."

> "대부분의 투자자들은 더 이상 보유하고 싶지 않은 주식이지만, 다른 이유 없이 오로지 '최소한 본전은 건질 수 있을 때까지' 보유하겠다는 종목에서 늘 치명적인 손실을 입는다."
>
> — 필립 피셔

주식 투자의 심리 게임에서 이겨라

상대방이 존재하지 않는 게임은 없다. 주식 투자도 상대방의 의도를 파악해서 최대의 투자 이익을 내기 위한 상호 게임이다. 상대방은 제3자일 수도 있고 자기 자신일 수도 있다. 이런 게임은 한 번에 끝나는 경우는 없다. 게임이 계속 반복되면서 승자 또한 계속 바뀐다.

게임의 승자를 결정하는 가장 중요한 요소는 다름 아닌 참가자의 심리 상태다. 게임에서 승자가 되기 위해서는 감정에 지배되는 불완전한 심리를 극복해야 한다. 감정에 지배된 주식 투자자는 항상 비합리적이다.

주식 투자자들이 비합리적으로 행동하는 사례를 살펴보자.

A종목을 매수했다. 그런데 A종목의 주가가 하락하고 있다. 주식을 매

수할 당시에는 상승을 기대하고 샀다. 최악의 경우에는 보합을 기대했는데 주가가 내려가고 있다. 최소 보합을 예상하고 매수했는데 주가가 하락 중이라면 투자자의 선택은 두 가지다.

첫째, 투자 원칙대로 손절매하는 것이다.

둘째, 투자 시 세워둔 원칙을 바꾸어 보유하는 것이다.

대부분의 투자자는 두 번째를 선택한다. 행동하는 것보다 생각을 바꾸는 게 훨씬 쉽기 때문이다. 당신은 안 그런가?

또 다른 사례는 모의실험을 통한 투자자들의 반응이다.

1985년부터 1994년까지 10년에 걸쳐 10개의 뮤추얼펀드와 MMF 및 S&P500의 실적 자료를 모의실험에 사용했다. 경영학 석사 과정의 학생들 80명에게 10만 달러를 자신의 취향대로 투자하게 했다. 그런 다음 6개월 후 수익률을 학생들에게 알려주고 포트폴리오를 재구성하는 과정을 20회 되풀이했다.

그러고 나서 시장수익률과 자신의 포트폴리오 수익률을 확인하게 한 후, 학생들에게 투자 성과가 어떤지를 물었다.

평균적으로 학생들은 시장수익률을 상회했다고 답했는데, 80명 가운데 15명만 본인의 수익률을 정확하게 판단했고, 47명은 자신의 총수익률을 과대평가했다.

대개의 투자자들은 주식 시장에서 일어나는 여러 현상들에 대해 자기 편한 대로 생각한다. 왜 그럴까?

급등주를 샀을 경우 '호재 공시가 나오면 얼마까지 간다', '어제 매수한 종목은 전 고점을 돌파했으니 2배는 수익을 낼 수 있어'라는 식으로 생각했다.

주가가 상승하던 중 대량 거래가 발생하면서 장대음봉이 발생했다. 하지만 투자자들은 '오늘은 멋진 조정'이라고 말하면서 내일부터 재상승할 거라 생각한다.

투자자들은 자신이 선택한 종목이 '오늘' 상승할 것이라는 생각을 '내일' 상승할 것이라는 생각으로 수정함으로써 심리적 고통을 완화하려 한다. 이러한 심리로 인해 투자자들은 실제 매매를 부정확하게 기억하기도 하고, 하락에 대한 불쾌한 감정을 야기하는 정보는 끝내 무시하기도 한다.

투자자가 일반적으로 가지고 있는 이런 심리를 극복해야 시장을 이길 수 있다.

☆☆☆

어울리지 않는 블라우스를 계속 입고 다니는 사람이 있다. 어느 날 주변 사람들이 더 이상 참고 있을 수가 없어서, 그 사람에게 블라우스가 너무 어울리지 않는다고 말했다. 그런데 어울리지도 않는 블라우스를 입고 다니던 사람은 이렇게 대답했다.

"50만 원이나 주고 산 옷이라 옷장 속에 방치할 수만은 없어서요. 그렇게 하면 50만 원을 버린 것 같은 생각이 들거든요."

'본전 심리'는 모든 투자자가 공통적으로 가지고 있는 심리 형태다.

"최소한 본전은 건져야 한다."

"지금까지 투자한 돈이 얼마인데 여기서 팔 수는 없다."

"이제까지 투자한 돈이 아까워서라도 어쩔 수 없다."

여기에는 근본적으로 매몰비용의 오류가 전제되어 있다. 투자한 본래의 금액만큼은 지키고 싶은 심리로, 인간이라면 누구나 지니고 있는 너무도 자명한 심리 형태다. 이 본전 심리가 투자자들에게 미치는 영향은 어떨까?

한 개인 투자자가 A종목을 10,000원에 1,000주를 매수했다. 그런데 주가가 5,000원까지 떨어졌다면 손실을 인정하고 매도하겠는가, 아니면 계속 보유하겠는가.

대부분의 투자자들은 손실이 나고 있는 종목을 계속 보유하는 경향이 있다. 그러면서 그들은 본전이 되면 팔 것이라고 말한다. 본전에서 파는 것이 왜 그리 중요한 걸까?

주식에서의 본전이란 내가 보유하고 있는 주식의 평가액이라고 생각해야 한다. 다시 말해서 매수 가격이 10,000원이라도 주가의 하락으로 현재의 평가액이 5,000원이라면 본전 가격은 10,000원이 아니라 5,000원인 것이다.

현명한 투자자라면 매수 가격을
매도와 보유의 판단 기준으로 삼지 말아야 한다.
현 시점에서 고려해야 할 것은
'앞으로 5,000원보다 더 높은 가격에 매도가 가능한가? 아닌가?'이다.
그럴 가능성이 없다면 5,000원에 과감히 파는 것이 합리적이다.

이미 지불한 매몰비용은 가능한 한 빨리 잊어라. 이미 지불된 매몰비용에 발목이 잡혀 비합리적인 선택을 해서는 안 된다. 만약 이 주식을 10,000원이 아니라 2,000원에 샀다면 어떤 결정을 내릴 수 있을까?

향후 성장 전망을 기준으로 보유와 매도 여부를 고민해야 한다.

즉 성장 가능성이 있다면 보유해야 하고, 성장 가능성이 불투명하다면 매도해야 한다. 매수 가격을 기준으로 매도와 보유 여부를 결정하지 말아야 한다. 현 시점을 기준으로 실제 매수가와 상관없이 투자 상황과 앞으로의 전망 등을 종합해, 시세를 정확히 판단하는 것이 중요하다.

합리적인 가치 판단보다 본전을 향한 집착이 우선한다면, 이는 투자 결정에 좋지 않은 영향을 미쳐 돈을 더 잃게 만든다.

본전 심리는 투자자가 수립한 매매 원칙을 버리게 만드는 최대의 적이다. 손실을 만회하려고 할 때마다 매매 원칙이 꼬이고 조급한 매매로 손실의 폭을 키우게 된다.

본전을 찾겠다는 생각은 머릿속에서 지워라. 본전에 집착하는 마음을 버릴 때 비로소 수익의 길이 열린다.

"투자를 하다보면 누구나 실수를 저지른다. 이미 상당한 손실이 발생했음에도 단지 내가 선택한 종목이라는 이유만으로, 계속 붙들고 있는 것이야말로 진짜 실수다. 선택은 당신 몫이다. 잘못을 인정하고 받아들이면 절반은 바로잡는 것이다."

— 켄 피셔

12.

독단과 자기 과신은 이성적인 투자를 방해한다

앤서니 볼턴은 "독자적으로 생각하는 일과 시장에 귀기울이는 일이 합쳐질 때, 성공적인 투자를 할 수 있다."라고 강조한다. 주식 시장에서의 독단과 아집은 다른 요인들을 고려하지 않고 밀어붙이기 식 행동을 하는 원인이 된다.

어린왕자에 나오는 바오밥나무에 대한 이야기다.

"바오밥나무의 뿌리는 땅속 깊이 파고 들어간다. 너무 깊이 들어가서 별에 구멍을 뚫을 수도 있다. 아주 작은 별에 바오밥나무가 많으면 그 별은 산산조각으로 부숴질 수 있다."

바오밥나무 씨앗은 별의 땅속에 숨어서 싹을 틔운다. 그 싹이 어린 바오밥나무로 자랐을 때 습관처럼 제거하지 않고 방치하면, 나중에는 별을 삼키게 된다고 어린왕자는 경고한다.

주식쟁이는 유연하지 못하다. 주식을 살 때나 팔 때나 항상 독단과 아집에 노출되어 있다. 주식 투자에 수많은 실패를 경험한 투자자는 이미 다 큰 바오밥나무처럼 뽑히지 않는 독단과 아집의 틀 속에서 매매를 이어 간다.

문제는 투자 방법에 대한 미련이다. 이전 방식의 매매가 손실만을 남긴 매매였다면, 투자 방법에 대한 오류를 인정하고 폐기하라. 너무 커버린 바오밥나무를 뽑을 수 없다면 베어라도 내야 한다. 그 노력이 바오밥나무의 뿌리를 마르게 할 것이다.

헨리 워드 비처 목사는 "끈기와 고집의 차이점은 끈기는 강한 의지에 근거한 것이요, 고집은 강한 공상에 근거한 것이라는 사실이다."라고 말했다. 그렇다면 주식 시장에서 투자자들의 행태는 어떤가?

순전히 운으로 수익을 내고서 자신의 실력인 양 자만한다. 또한 큰 수익을 얻기 위해서는 시장을 정확히 예측해야 한다고 떠든다. 주식 시장에서 확실한 것은 하나도 없는 데 말이다.

주식 시장에서의 독단과 아집은

-1%로 끝날 손실을

-100%의 손실로

만들 수 있음을 기억하라.

조지 소로스는 다음과 같이 말했다.

"내가 돈을 많이 번 것과 사건을 예측하는 나의 능력과는 별 관련이 없다."

워런 버핏도 다음과 같이 말했다.

"예측하는 일은 그 예측하는 사람에 관해 많은 것을 알려주기는 하지만, 정작 예측의 대상인 미래에 대해서는 아무것도 말해주는 않는다."

아직도 불확실한 주식 시장에서 운으로 얻은 수익이 곧 자신의 실력이라 믿는가?

수영을 잘하는 사람이 오히려 물에 빠지기 쉽다는 말을 명심하라. 방수가게를 운영하는 한 개인 투자자는 주식을 1년 동안 보유하다가 본전이 오자 매도했다. 이것은 끈기일까? 독단일까?

만약 매수 시점이 모두가 좋다고 말할 때 매수한 후 주가가 하락하는데도 불구하고 1년 동안 보유했다면 독단이 되는 것이고, 주가가 바닥을 다진 다음 외국인과 기관이 업황 호전을 근거로 적극적인 매수를 하여 주가가 상승했는데 겨우 본전이 오자 매도했다면 이 또한 독단이다.

그렇다면 독단적인 판단을 피할 수 있는 방법은 무엇일까?

첫째, 투자자 자신에게 질문을 던져라. 판단 근거는 무엇이고, 만약 시장에서 그 근거가 사라진다면 어떤 행동을 취할 것인지 생각해보라. 또한 스스로 옳은지 그른지를 따져보고, 이 결정을 통해 나에게 혹은 다른 사람에게 어떠한 영향을 미치는지도 생각해야 한다.

둘째, 주식 시장을 면밀히 살피고 스스로 응용하고 실행하면서 학습하라.

셋째, 만약 판단이 성공적이었다면 자신에게 선물을 하라.

넷째, 투자자 자신에게 솔직해져라.

다섯째, 투자 EQemotional quotient, 감성지수 또는 감정적 지능지수라고도 한다. 지능지수와는 질이 다른 지능으로, 마음의 지능지수라고 할 수 있다**를 길러라.**

☆☆☆

코넬 대학 심리학 교수 토마스 길로비치는 그의 저서 《왜 똑똑한 사람들이 쪽박을 차나》에서 "자신의 능력을 확신하고 대박을 낼 주식을 고를 능력이 있다고 믿는 사람일수록, 과신 때문에 주식 투자에서 큰 손실을 입을 경향이 높다."라고 지적한다.

실제로 미국 인터넷 금융 포털 '스마트 머니'Smart Money는 멘사 회원들로 구성된 투자 클럽의 15년간 주식 투자 성과를 분석한 후 믿기 어려운 결과를 발표했다.

1986년부터 2001년까지는 미국 주식 시장 역사상 상승장bull market으로 분류되는 시기로 대형주 중심의 S&P500지수가 연 15.3%씩 올랐다. 반면 멘사 천재들의 주식 투자 수익률은 연 2.5%로 형편없었다. 1986년에 1만 달러를 주식에 투자한 멘사 '천재'는 15년간 고작 5,000달러 버는 데 그쳤지만, S&P500 인덱스펀드에 투자했던 일반 투자자의 투자금은 8만 4,000달러로 증가했다.

자기과신은 투자 시 예측, 실행, 판단 능력에 오류를 발생하게 한다. 자신이 보유한 특정 종목에 대한 정보를 과대평가하게 하며, 특히 새로운 정보를 받아들이지 못하고 남의 말을 경청하지 않는다.

자기과신은 본인이 인지하지 못하는 사이에 조용히 생긴다. 그리고 은연중에 투자자의 투자 행태에 영향을 미친다. 또한 과신에 찬 투자자는 매매 당시에 냉철하게 선택했다고 확신하지만, 시간이 지난 후 과거에 했던 매매를 돌아보면 자신이 지나치게 자만하고 있었음을 알게 된다.

다음은 한 개인 투자자가 과신으로 인해 손실을 본 사례다. 이 투자자는 개인적으로 IT 산업 동향에 대해 다른 투자자들보다 좀 더 많은 지식이 있다고 믿고 IT 관련주를 매수했다. 매수 시점은 실적 악화로 주가가 많이 하락했을 때였다. 다음 분기부터는 실적이 좋아질 것으로 판단하고 매수에 가담했다.

매수 후 주가는 가파르게 상승하여 30%에 가까운 수익을 냈다. 주가

의 급등에 의한 피로감으로 단기 조정을 예견했고, 조정 시 추가 매수할 생각이었다. 하지만 주가는 예상과 달리 하락했고, 그 결과 상승분을 모두 토해냈다.

이처럼 주가의 상승과 하락 시점은 예측할 수 없음에도 이 투자자는 한 번에 많은 수익을 내려는 욕심 때문에 제대로 된 판단을 내리지 못했다. 이런 투자자들의 문제는 운이 좋아 한 번 주가가 상승한 것에 의기양양하여, 합리적이고 이성적인 판단이 과신이라는 장벽에 가로막힌다는 점이다. 많은 자료들이 상승보다는 하락 쪽에 기울어져 있어도 여러 가지 그럴듯한 이유로 자신에게 상승 확신을 불어넣는다.

"모든 투자자가 저지르는 가장 큰 실수 중 하나가 너무 짧은 시간에 큰 돈을 벌려는 충동을 느끼는 것이다. 즉 100%의 수익을 2~3년 안에 걸쳐서 얻기보다는 2~3개월 내에 벌려는 시도를 한다는 점이다."

— 제시 리버모어

수익보다 먼저 잃지 않는 투자를 하라

주식 투자에는 참으로 다양한 방법론이 알려져 있고, 현재도 수많은 매매 방법들이 만들어지고 있다. 저평가된 주식에 투자하는 방법, 성장성 있는 주식에 투자하는 방법, 경기순환상 저점에 있다고 판단되는 주식에 투자하는 방법, 주식 공모를 통해 투자하는 방법, 배당금 투자 방법 등 일일이 나열해도 지면이 부족할 정도로 많은 방법들이 존재한다.

자신의 자산도 보호하면서 기업의 경영성, 성장성, 안정성 등 세세한 것을 분석한 후 투자하는 것이 정석 투자며, 이것이 바로 가치 투자다.

하지만 원래 주식은 위험자산이라는 사실을 잊지 말자. 투자의 귀재 워런 버핏 또한 가치 투자를 하지만 투자에 실패하기도 한다. 이처럼 주식이 위험자산이기는 하지만 가치 투자만 하자니 기간의 기회비용이 문제다. 이런 이유로 단기간에 수익을 올릴 수 있는 수많은 원칙들이 개발되고 매스컴에서는 연일 단기 매매를 화제로 삼는다.

여기서 위험자산이란 단순히 위험한 자산을 의미하는 것은 아니다. 투자의 성패에 따라 손실이 날 수 있는 반면, 그만큼의 이익을 낼 수 있는 가능성을 내포하고 있는 자산을 의미한다.

주식 같은 위험자산만 있는 것이 아니라 안전자산도 존재한다. 주로 채무불이행의 위험이 없는 자산이라는 의미로 사용된다. 이것은 대상자산의 만기까지의 기간을 단축함으로써 시장 가격 변동에서 오는 위험을 어느 정도 회피할 수 있는 자산이다. 안전자산이라 하더라도 장기채의 경우 주식에는 미치지 못하지만 경기 변동에 의한 이자율의 영향을 상당히 받는다.

투자자 성향에 따라 투자 방식에 있어 차이는 있으나, 개인 투자자 대부분은 위험자산인 주식에 투자하고 있는 게 현실이다. 주식이 더 수익률 측면에서 매력적이기 때문이다.

대부분의 투자자는 이익이 발생하면 하락에 대한 두려움으로 앞으로의 전망은 살펴보지도 않고 급하게 매도하고서는 또 다른 주식을 찾아다닌다. 반면에 일부 투자자는 상승 종목을 추가 매수하기도 한다. 어느 것이 올바른 투자인가?

모두 옳을 수도 있고 틀릴 수도 있다. 올바른 투자를 판단하는 기준은 투자자가 이익을 낸 근거와 앞으로의 전망에 대한 신중한 검토 후 매도와 보유를 결정했는지로 판단해야 한다.

주식에서 수익이 발생한 경우에는
먼저 수익이 발생한 이유를 따져보라.
매매 원칙에 의한 수익이 아니라
다른 특별한 이슈로 수익이 발생되었다면
그 주가의 상승은 일회성일 확률이 높다.
매도를 고려하라.

개인 투자자가 연속적으로 3번 이상 차익을 실현하는 경우는 드물다. 대부분은 1~2번 벌었다가 큰 손해를 입고 투자금을 잠식당하여 몇 년을 투자금 복구에 고생하거나 또는 반복적인 손절매로 하염없이 투자금을 잃는 경우가 많다. 하지만 투자 수익보다 손실을 먼저 고려하는 투자자는 수익률보다는 손실부터 고려한 분석을 하기 때문에, 언제나 차익 실현의 기회를 갖고 자산을 불려 간다.

주가가 계속해서 오르기만 하거나 내리기만 하는 경우는 거의 없다. 주식에 투자하는 경우 증시 변동에 따라 손실이 나기도 하고 큰 수익이 생기기도 한다. 그러므로 자신에게 발생할 수 있는 손실을 먼저 파악하는 현명한 투자자가 되기 바란다.

☆☆☆

주식 투자의 궁극적인 목표는 동일하다. 바로 '부'를 늘리는 것이다. 주식 초보 시절에는 저가주에 뛰어들어 가끔 이익을 보기도 하지만, 대부분은 손실 아니면 본의 아니게 장기간 보유하게 된다.

어쨌든 초보 시절이나 지금이나 손실을 보고 있다면 실패의 원인을 생각해봐야 한다. 대개 실패 원인의 밑바탕에는 과욕이 있다. 투자자의 현실과 동떨어진 과도한 욕심이 실패를 부른다. 주식 투자에서 과욕으로 인한 투자 실패 유형과 이를 극복하는 방법을 알아보자.

첫째, 한 종목에 올인한다. 상한가에 눈이 멀어 흔히 말하는 '몰빵' 매수를 한다면 어찌 되겠는가. 아마도 10번 중에 한 번은 성공할 수 있을지 몰라도 9번은 실패하여 투자 자금의 $\frac{1}{3}$ 정도만 건질 수 있다.

상한가의 유혹을 떨쳐 내라. 자신이 왜 잃었는지, 왜 또다시 반복적인 매매를 이어 가고 있는지 스스로 원인을 찾아내서 고쳐야 한다. 주식 투자는 잃지 않는 게임이 되어야 한다. 그래야만 수익이 날 수 있다.

둘째, 손절매를 하지 않는다. 손절매 원칙도 정립했고, 실제 투자 상황에서 매수와 매도 시점을 결정할 수 있다고 여겼는데, 그럼에도 왜 손절매는 하지 못하는가. 상승할 것이라는 기대는 버려라. 투자자 본인의 계좌를 항상 마이너스로 만드는 원인이 무엇인가?

주식을 매수한 후 이익이 나면 매도가를 결정하지 못하거나, 매도가를 결정했다고 하더라도 더 많은 수익을 줄 것이라 여겨 기다리다 다시 하락을 맞이하기 때문이다.

이때 손절매를 하지 못해 손실 폭을 더욱 키우고 있다면, 당신은 아직도 손절매 원칙이 정립되지 않은 것이다. 설사 정했다고 하더라도 지키지 못했다면 정하지 못한 것이다. 기억하라. 손절매는 투자 생명을 유지시켜주는 유일한 비상구다.

셋째, 손실 종목을 물타기한다. 계속해서 하락하는 주식은 이유가 있다. 그런데도 매수가를 낮추기 위해 추가 매수를 하는 투자자들이 있다. 물론 냉철한 분석과 전략에 의해 물타기를 하는 투자자도 있다.

하지만 대부분의 개인 투자자는 추가 하락에 대한 손실을 한꺼번에 만회하려는 심리로 추가 매수를 강행한다. 매입 단가를 낮추려는 하향 물타기는 자칫 커다란 위험에 빠질 수 있다. 물타기를 하기보다는 차라리 손절매를 하라. 50% 손실은 10% 혹은 20% 손실에서 비롯된다. '떨어졌으니 오르겠지'라는 건 안이한 생각이다.

넷째, 시장에 역행한다. 투자자 자신이 보유한 주식이 고공행진을 이어 가더라도 지수가 하락 중이라면 일단은 매도해야 한다. 지수가 하락 중인데도 이 종목만은 계속해서 상승할 것이라는 자만은 버려라. 어떤 종목도 시장과 역행하여 상승하는 데에는 한계가 있다.

다섯째, 급등주만 찾아다닌다. 주식 투자에서 확신할 수 있는 한 가지는 테마주로는 결코 성공적인 투자를 할 수 없다는 것이다. 어쩌다 한 번 운이 좋아 몇 배의 수익을 거두었다고 하더라도 계속해서 수익을 낸다는 보장은 없다. 오히려 손실 가능성만 더욱 가중될 뿐이다.

대박의 욕심은 패망의 지름길이다. 거북이처럼 느려도 손실 없는 매매를 하기 위해 노력하라.

"투자자는 특정 자산의 미래 수익에 대한 전망을 바탕으로 자산을 매수하는 사람이고, 투기자는 시장에 참여하는 사람들의 심리 변화를 예측하여 자산을 매수하는 사람이다."

— 존 메이너드 케인스

14

투기꾼이 아니라 투자자가 돼라

루이 바슐리에는 1900년 〈투기이론The Theory of Speculation〉이라는 논문에서 "투기의 수학적 기댓값은 '0'이다."라고 주장했다. 그는 '주식 시장과 상품 시장을 포함한 자본 시장의 가격은 왜 예측할 수 없는가?'라는 의문을 가지고 주식 시장의 움직임을 분석했다.

그러면서 루이 바슐리에는 액체 위에 뜬 작은 고체 입자가 쉬지 않고 불규칙하게 운동하는 것처럼, 서로 관련이 없어 보이는 주가의 움직임을 '브라운 운동'으로 설명했다. 주가의 움직임이 불규칙하다는 것, 즉 다수의 매도자와 매수자가 존재하기에 시장 가격이 하락할지 상승할지 예측하기 어렵다는 사실을 입증한 것이다.

주식 시장에서 주가의 변동을 야기하는 요소는 경제적 요인인 경기변동, 시장의 동향, 금리변동 등과 개별 종목의 실적, 미래 성장성, 현금흐름 등이 있다. 이런 요인들이 복합적으로 작용하고, 투자자들의 심리적 요인이 더해져 주가는 끊임없이 움직인다.

주가를 예측하는 것이 불가능하기에 주식 시장에서 꾸준히 수익률을 올리기는 어렵다. 이런 상황을 보여주는 말이 "손실 위험이 없는 주식 투자는 지옥이 없는 기독교나 마찬가지다."라는 월스트리트 격언이다.

수익에는 항상 위험이 따른다. 위험을 감수하지 않고서는 수익을 얻을 수 없다. 그러나 대박을 꿈꾸며 무분별한 위험을 초래하는 투자자는 절대로 투자에 성공할 수 없다. 투자는 신중하고 조심스럽게 접근해야 한다.

투자에는 Risk가 따르지만,
투기에는 Danger가 따른다.
철저히 해부하듯 종목을 분석해도
주가의 향방을 파악하기는 어렵다.
그런 주식 시장에서 돈을 벌기 위해
투기를 행하는 자세는
투자금을 포기하는 것과 같다.

《블랙 스완》의 저자 나심 니콜라스 탈레브는 "고수익을 안겨주는 투자란 기차 선로를 베고 자는 낮잠과 같아서, 언제 갑자기 달려온 기차가 머리 위로 지나갈지 모른다."라고 말했다. 부디, 기차 선로 위에 눕는 무모한 투기는 멈춰라.

다음에 나오는 표는 파워 블로그 〈쥬라기의 세상을 보는 창〉 '투기와 투자는 무엇이 다른가?'에 나오는 내용이다. 도박과 투자, 투기와 투자의 차이는 불확실성과 확실성에 있다. 불확실한 결과에 돈을 걸면 도박과 투기가 되고, 확실한 결과에 돈을 걸면 투자가 된다.

"모르는 곳에 투자하지 마라!"는 말이 있다. 이 말의 의미는 도박하지 말라는 것이다. 하지만 모르는 곳을 확실히 알고 투자한다면, 도박이 아닌 투자가 될 수 있다. 그래서 잃지 않고 수익을 올리는 투자 제1원칙은 바로 이거다.

"아는 곳에 투자하라!"

'돈'을 이용한 도박과 투자

도박	투자
• 홀짝 게임, 쌈치기	• 은행 예금
• 불확실성	• 확실성(이자율에 의한 이자 계산)
• 확률에 의한 접근	• 계산에 의한 접근
• 베팅과 성공 보상	• 예치 후 만기까지 기다림
• 단기 게임의 반복	• 반복이 없는 장기 관리
• 흥미와 재미	• 지루함과 무료함
• 사람들이 좋아함	• 사람들이 싫어함
• 제로섬-손실 누적	• 계획된 수익
• 기대수익은 손실 누적	• 기대수익은 복리 이익
• 돈은 도박의 수단	• 돈은 저축의 수단
• 돈이 위험한 것이 아니라 사용하는 방법이 위험	• 돈이 수익을 주는 것이 아니라 돈을 사용하는 방법이 수익

'주식'을 이용한 도박과 투자

도박	투자
• 변동 차익을 목표	• 기업의 이윤과 성장을 목표
• 가격 변동의 불확실성	• 기업의 확실성(계산된 목표)
• 확률에 의한 접근	• 가치 계산에 의한 접근
• 타이밍 고점 저점 베팅과 보상	• 투자 후 점검 관리
• 단기 게임의 반복	• 반복이 없는 장기 기다림
• 흥미와 재미	• 지루함과 무료함
• 대부분의 투자자	• 기업 대주주 및 일부 투자자
• 제로섬-비용	• 계획된 수익
• 기대수익은 손실 누적	• 기대수익은 복리 이익
• 주식은 도박의 수단	• 주식은 투자의 수단
• 주식이 위험한 것이 아니라 사용하는 방법이 위험	• 주식이 수익을 주는 것이 아니라 그 사용하는 방법이 수익

☆☆☆

증시에서 투자자와 투기꾼의 차이는 매우 미묘하다. 존 메이너드 케인스는 미래 수익 전망에 따라 매수하는 사람은 투자자고, 사람들의 심리 변화를 예측하여 매수하는 사람은 투기자라 정의했다.

투자자는 소득 창출 자산을 구입하는 사람으로 자산 보유기간을 장기로 가지며, 투자 시 안전성을 중요한 고려 사항으로 생각한다. 투기자는 위험을 떠안고 높은 수익률을 추구하는 사람을 말한다.

옛말에 "듣보기장사 애 말라 죽는다."라는 속담이 있다. 이 속담은 여기저기 뜨내기로 돌아다니면서 시세를 비교해가며 요행수를 바라던 듣보기장사가 시세가 맞지 않아 이익을 볼 수 없게 되어 애를 태운다는 뜻으로, 요행수를 바라다가 실패하여 애를 태우게 된다는 것을 비유적으로 이르는 말이다.

여기에서 듣보기장사란 일종의 투기꾼으로 외국에서 밀수품을 들여다가 국내에서 많은 차액을 남기고 팔아먹는 사람을 일컫기도 한다.

앙드레 코스톨라니는 투기의 역사를 이렇게 표현했다.

"건달이 태어났으며, 그는 게임을 하며 따기도 하고 또는 잃기도 하지만 절대로 죽지는 않는다. 그렇기 때문에 정말 역겨움을 느끼게 만드는 증시 침체가 발생해 사람들이 모두 주식 시장을 떠난다고 해도 시간이 지나면 언젠가 돌아오게 되어 있다. 과거는 잊히기 마련이고 모든 상처들이 다 아물고 나면 불나방 같이 증권 시장에 사람들이 다시 몰려든다. 만약 이런 일이 저절로 벌어지지 않으면 이미 발달될 대로 발달된 증권 산업이 그렇게 만들 것이다. 그리고 그 첫 번째 미끼는 바로 돈이다."

현재 주식 시장에서 투자자와 투기꾼으로 대표되는 사람은 누구일까?

투자자의 대명사로 워런 버핏이 있어 '오마하의 현인'이라 불리며, 이와 대조적으로 투기꾼의 대명사로 조지 소로스가 있어 '악랄한 환투기꾼'이라 불린다.

워런 버핏은 자신의 고향 네브래스카 주 오마하를 거의 벗어나지 않고도 주식 시장의 흐름을 정확히 꿰뚫는다고 해서 '오마하의 현인'이라 불린다. 그는 가치주를 발굴해 장기 보유하며, 철저하게 기업의 내재 가치만을 따져 투자 종목을 선정한다.

반면에 조지 소로스의 퀀텀펀드는 영국 파운드화 위기 당시 환투기를 통해 일주일 만에 10억 달러에 달하는 차익을 챙기며 영란은행BOE의 항복 선언을 받았고, 그로 인해 조지 소로스는 환투기꾼으로 유명해졌다.

조지 소로스도 한때는 영국의 투자 권위지 〈국제 투자가〉에서 '지상에서 가장 위대한 펀드매니저'로 선정됐으며, 또한 대중은 그를 '황금의 손'이라 칭송했다. 그러나 10여 년 뒤인 1992년 9월, '검은 9월' 이후에 영국인들은 소로스에 '악랄한 환투기꾼'이라는 칭호를 붙였다.

조지 소로스에게 '황금의 손'이라는 칭호와 '악랄한 환투기꾼'이라는 칭호가 공존하는 것처럼 일반 투자자는 '악랄한 환투기꾼' 조지 소로스든, '오마하의 현인' 워런 버핏이든 둘 중 하나라도 닮고 싶은 건 아닐까?

대다수의 주식 투자자들은 현명한 투자를 하고 있는 걸까? 현명한 투기를 하고 있는 걸까? 이도 저도 아니면 현명하지 못한 투기를 하고 있는 걸까? 조지 소로스는 현명하지 못한 투기를 한 건 아닐까?

주식 시장은 주정뱅이부터 부호까지 그리고 투자자와 투기꾼이 공존하는 공간이다. 투자라 생각하지만 투기도 할 수 있는 가상의 공간일지도 모른다. 머리는 투기꾼이 아닌 투자자가 되라고 강조하고 싶지만, 투자자와 투기꾼의 차이는 지칭되는 호칭뿐일지도 모른다.

현명한 투자자든, 현명한 투기꾼이든, 자신의 돈을 이용하여 많은 부를 축적하는 것이 주식 투자의 목적이라고 말하고 싶다.

> "투자자는 '소신파 투자자'와 '부화뇌동형 투자자'로 분류된다. 나는 주식의 대부분이 소신파 투자자들의 손에 있을 때를 과매도 시장이라 부르며, 반대로 주식의 대부분이 부화뇌동형 투자자의 손에 있을 때를 과매수 시장이라 부른다."
>
> — 앙드레 코스톨라니

소신파 투자자처럼 사고하고 행동하라

요즘 빚내고 또 빚내는 사회의 단면으로 에듀푸어, 잡푸어, 워킹푸어, 하우스푸어라는 단어들이 대두되고 있다. 아침에 출근해서 저녁에 퇴근하는 일상을 반복하며 월급도 매달 꼬박꼬박 받는다.

왜 열심히 일하며 사는데 형편은 그대로일까?

왜 이렇게 아등바등 생활하는 걸까?

왜 직장과 수입이 비슷해도 몇십 년 후에는 차이가 날까?

왜 주식은 항상 사면 떨어지고 팔면 오를까?

왜 돈 때문에 삶이 쪼들릴까?

그 이유가 무엇인지 고민해본 적 있는가?

〈흥부전〉에서 흥부 아내의 넋두리 중 이런 말이 있다.

"어떤 사람 팔자 좋아 장손으로 태어나서 선영죽은 조상 제사 모신다고 호의호식 잘사는데, 누구는 버둥대도 이리 살기 어려울까. 차라리 나가서 콱 죽고 싶소."

흥부의 아내처럼 타고난 팔자를 원망하면서 좌절하고 있는가?

일반 사람들은 팍팍한 삶으로부터 탈출하기를 원하지만, 노력해도 쉽사리 벗어나지 못하는 경우가 많다. 그래서 이런 사람들을 위해 많은 학자들이 연구를 통해 그 원인을 설명해주고 있다.

부자와 빈자의 가장 뚜렷한 차이를 보면, 부자들은 자신의 목표를 글로 적고 계획적인 생활을 하는 반면, 그렇지 않은 사람들은 '부자가 되고 싶다'라는 생각만 하고 실천은 하지 않는다고 한다.

주식 시장에서 외국인과 기관은 부자고, 개인 투자자는 빈자다. 과연 개인 투자자 중에 자신이 보유한 종목에 대해 매일매일의 주가를 기록하며 자료를 찾아보는 사람이 몇 명이나 될까? 목표수익률만을 정해놓고 시장 상황은 강 건너 불구경하듯 바라만 보고 있진 않은가? 주식 투자를 실패했다면 왜 실패했는지 찬찬히 고민해본 적이 있는가?

단지 시장 탓과 부족한 자금 탓만 하고 있진 않은지, 원칙을 잘 지켜 매매했는지, 고쳐야 할 부분은 뭔지, 막연하게 오를 때까지 손놓고 있는 게 전부는 아니었는지 생각해보라. 부자가 되려고 주식을 매수하고 보유하고 있다면 그저 상승만을 바라지 말고 그만큼의 대가도 지불해야 함을 기억하라.

부자처럼 투자하라. 주식 시장에서 개인 투자자들의 선망의 대상인

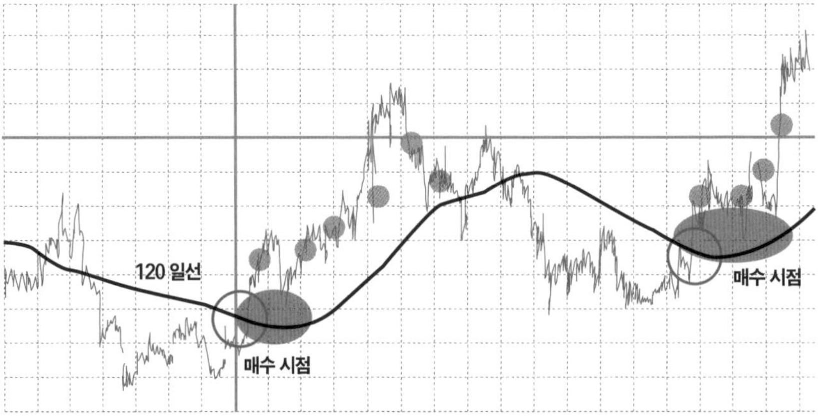

한 슈퍼개미의 매매 스타일은 이렇다.

많은 종목을 관심 종목으로 두지 않고, 자신에게 맞는 물량이 풍부한 한 종목만을 선정하여 매일의 주가 흐름을 관찰한다. 해외 시장 상황을 매일 확인함은 물론, 해외 업황까지 살핀다. 그런 후 매수 타이밍을 잡기 위해 인내를 가지고 기다린다.

지켜보던 종목의 주가가 120일선을 하향 이탈한 후 다시 120일선을 상향 돌파했다가 더 이상 하향하지 않고 거래량이 줄면서 눌림목을 만들 때 매수를 한다.

부자들은 동일한 현상에 대해서

보통 사람들과는 생각하는 방식이 다를 뿐만 아니라,

넓은 시야를 가지고 바라보는 시각도 다르다.

시장에서 물건을 살 때도

부자들은 필요한 물품은 비싸도 구입하고

필요 없는 물건은 아무리 싸도 구입하지 않는다.

그러나 대부분의 사람들은

싸면 사고, 고가면 구입을 꺼린다.

주식 시장에서도 이런 현상이 존재한다. 개인 투자자들은 이유를 불문하고 싼 주식을 찾아다닌다. 과연 부자들도 이런 투자를 한다고 생각하는가?

싼 주식을 매수하는 개인 투자자들은 싸기 때문에 많이 오를 거라 생각하는 반면 부자들은 싼 주식은 '반드시 이유가 있다'라고 생각하고 매수를 경계한다. 사고하는 방식이 다르고, 행동 방식도 다르다.

자신의 틀 안에 갇혀 있으면 편안할 수는 있지만 물질적인 풍요는 얻을 수 없다. 습관화된 삶은 안락함을 주지만 나중에는 자신을 가두는 감옥이 되어 있을 것이다.

☆☆☆

사람은 생각과 행동, 사물에 대한 인식, 의식과 감정의 표현 등이 저마다 다르다. 부모에게 부여받은 천성, 자신도 모르게 습득된 습성, 각자의 스타일이 다르기 때문이다. 그렇다면 주식 시장에서의 투자자 모습은 어떨까?

앙드레 코스톨라니는 투자자 유형을 '부화뇌동형 투자자'와 '소신파 투자자'로 분류했다.

《투자는 심리 게임이다》라는 저서에서 달걀의 모형을 통해 투자 시장의 장기 변동을 강세장과 약세장으로 구분했다. 이를 또 조정국면, 적응국면, 과장국면으로 분류했다. 총 6가지 부분으로 나눠진 각 국면에서 전체의 $\frac{1}{3}$ 은 대중과 같은 방향으로 움직이고, 나머지 $\frac{2}{3}$ 는 대중과 반대 방향으로 움직일 것을 권하고 있다.

또한 《돈 뜨겁게 사랑하고 차갑게 다루어라》에서는 매도자 '곰'과 매수자 '황소'에 대한 배경을 설명하고 있는데, 그 내용은 아래와 같다.

> 주식 시장의 동향을 내리막으로 판단하여 하락세를 타려는 사람을 매도자, 즉 '곰'이라고 부른다. 곰은 아직 가지고 있지 않으면서 나중에 입수하게 될 물건이나 유가증권을 오늘의 시세에 맞춰 미리 팔아넘긴다. 또한 내일이 되면 오늘보다 시세가 떨어질 것이라고 판단하고 물건이나 유가증권의 매수를 미룬다.
>
> 곰의 반대편에는 매수자인 '황소'가 있다. 매수자는 힘으로 밀어붙이는 황소처럼 앞으로 돌진하며, 자신의 길을 가로막고 있는 것은 무엇이든 두 뿔로 들이받아 내동댕이친다. 월가의 로비에서 주식 시장이 열리기 전에 분위기를 탐색하던 중에 누군가가 "이봐, 나는 오늘 황소야."라고 말한다면 상승세를 타겠다는 의미로 받아들인다.
>
> 황소와 곰은 전 세계의 모든 주식 시장에서 격렬하게 대립하며 거칠게 싸운다. 싸움이 점차 격렬해지면 황소는 뿔로 곰을 쓰러뜨리려 하고, 곰은 강한 앞발로 황소의 숨통을 완전히 끊어 놓으려 호시탐탐 기회를 노린다.

위에서 언급한 '곰'과 '황소'는 소신파 투자자에 속한다.

소신파 투자자들은 충분한 자본과 정신적 강인함, 그리고 주식 투자에 대한 뚜렷한 주관을 가지고 행동한다.

부화뇌동형 투자자들은 많지 않은 자본으로 투자의 세계에 뛰어든 투자자들, 정신력이 부족하고 투자에 대한 뚜렷한 주관도 없는 투자자들이다.

그 유형을 보면 다음과 같다.

1. 아침에는 "곰이야!" 말했지만, 장 마감 후에는 황소가 되어 있는 유형.
2. 자신은 황소라고 큰소리쳤지만, 매매에서는 곰이 되어 있는 유형.
3. 시장이 곰의 손아귀에서 움직이는데 본인만 황소가 되려는 유형.
4. 곰들의 매도세가 강한 데도 기다리지 못하고 황소가 되려는 유형.

증권 시장에서 어떤 사람들이 '소신파 투자자'처럼 행동할 때 또 다른 사람들은 '부화뇌동형 투자자'처럼 행동한다. 사람은 내면에 두 가지 유형의 잠재력을 모두 가지고 있다.

그중 '어떤 유형을 취하느냐' 하는 문제는 전적으로 그 투자자의 의지에 달려 있다.

“합리적인 투자자들이 소수이기 때문에 그들의 행동은 시장을 크게 좌우하지 못한다.”

— 피터 린치

이성보다 직관이 빛날 때가 있다

인간의 뇌는 좌우로 나눠져 있다. 좌뇌가 이성적, 인지적, 지적 영역이라면 우뇌는 감성적, 예술적, 창조적 영역이다. 좌뇌가 귀납적, 논리적, 분석적 사고를 담당한다면 우뇌는 창의적, 직관적, 통합적 사고를 담당한다.

물론 두 기능 모두 인간의 삶에 절대적으로 필요한 역할이다. 학문 분야로 따지면 좌뇌가 수학과 과학 분야라면 우뇌는 음악, 미술, 생물학 분야다.

좌뇌를 사용하는 논리적 사고는 산업화 시대에 가장 중요한 덕목이었다. 산업화 시대의 경쟁력의 핵심은 기술개발과 원가절감 두 가지였다.

남이 갖지 못한 기술을 가지면 경쟁에서 이길 수 있었고, 기술이 평등해진다면 경쟁자보다 더 저렴한 가격으로 공급할 수 있는 사람이 이기게 된다. 이것을 가능하게 해주는 학문이 수학, 과학 등 좌뇌의 역할이었다.

그러나 디지털 시대가 되면서 산업의 패러다임이 바뀌었다. 소프트웨어를 예로 보자. 소프트웨어는 기술이 아니라 아이디어의 문제다. 소프트웨어는 원가 자체가 문제가 되지 않는다. 디지털 시대의 경쟁력은 오직 아이디어, 상상력이라는 것이다. 문제를 논리적, 분석적, 수직적으로 접근하는 방식이 아니라 패턴적, 통합적, 수평적으로 접근하라는 것이다.

인간의 뇌는 원래 우뇌가 훨씬 더 컸다고 한다. 우뇌가 발달했던 옛 사람들은 일상사를 거의 직관에 의해 풀어 갔다. 지금도 인도인들은 대부분을 직관에 의존하고 있다. 그러던 것이 교육 과정을 통해 우뇌의 기능은 점점 더 축소된 반면 좌뇌의 영역만 확대되어 왔다.

그 이유는 학교 교육이라는 것이 논리적 사고 훈련에 집중되어 있기 때문이다. 교육이라는 과정을 거치지 않았던 옛 어른들은 우뇌의 기능이 유난히 발달했다. 문제를 논리적으로 따져서 푸는 게 아니라 직관적으로 문제를 해결했다.

직관이란 논리적 과정을 거치지 않고 곧바로 핵심에 접근하는 방법이다. 아르키메데스가 책상에서 연구에 연구를 거듭한 끝에 부력의 원리를 발견한 게 아니라는 이야기다. 목욕탕에서 욕조에 몸을 담그는 순간에 깨달은 것이다. 그래서 직관을 선험적 지식의 총체라고 한다.

☆☆☆

주식 투자자들 또한 자신의 선택이 이성적, 분석적, 논리적, 합리적이라고 생각하지만 주식 시장의 방향을 보면 반대로 흐르는 경우가 대부분이다. 주식 투자자들은 좋은 기업과 좋은 투자 대상을 동일한 의미로 생각하는 경우가 많다. 하지만 이 둘의 의미는 같지 않다.

좋은 기업이란
현재 가지고 있는 자산이 많고,
앞으로 많은 돈을 꾸준히 벌어들여
자산이 차곡차곡 불어날 기업을 말한다.
좋은 투자 대상은
주가가 다른 기업보다 많이 상승할 기업을 말한다.

그럼 좋은 기업의 주식이 좋은 투자 대상일까?

투자자들은 일반적으로 미래의 실적을 예상할 때 그 잣대를 과거 사업 실적을 기준으로 삼는다. 좋은 기업이라고 해서 앞으로도 꾸준히 우수한 실적을 거둘 수는 없는 데도 말이다. 마찬가지로 나쁜 기업이라고 해서 항상 실적이 형편없는 것도 아니다.

대개 투자자들은 2년 내지 4년간 실적이 좋지 않았던 주식은 하락주로 간주하고, 반면에 2년 내지 4년간 성과가 좋았던 주식은 상승주로 여긴다. 그들은 상승주를 쫓고 주가가 상승 추세를 보이는 종목을 매수한다. 하지만 통계적으로 매수한 지 2년 후에, 하락주는 상승주의 실적을 30% 정도 상회하는 경향이 있다.

주가가 기업 가치에 수렴해 간다는 것은 사실이지만, 현재가는 기업 가치보다 과대 또는 과소평가되어 형성되는 경우가 대부분이다. 주가는 기업의 내적 요인뿐만 아니라 외적 요인에도 함께 따라 움직인다. 때문에 단순히 기업 내용이 나쁘다고 하여 주가가 하락할 것이라고 예상하는 것은 금물이며, 기업 내용이 좋다하여 주가가 상승할 것이라고 기대하는 것은 자만이다.

따라서 시장의 흐름을 무시하고 기업 내용에만 치중하면 투자에 크게 성공하지 못한다. 기업 분석을 하지 마라는 것이 아니라 지나치게 의존하지 마라는 뜻으로 받아들이면 된다.

학교 시절에 이런 경험이 한두 번씩은 있을 것이다. 수학 시험을 치를 때, 분명히 풀어본 문제였는데 공식이 생각나지 않는다. 그런데 시험이 끝나고 시험장을 나서는 순간, 그 공식이 떠오르던 기억 말이다. 이는 논리적인 사고에 집착해있는 동안에는 직관이나 상상력이 제대로 작동하지 못한다는 이야기다.

주식 투자를 하면서 이성적, 분석적, 논리적, 합리적 사고로는 거의 풀 수 없을 때가 있다. 이때는 이성보다는 직관이 필요한 것이다.

아인슈타인은 이렇게 말했다.

"직감과 직관, 사고 내부의 본질이라 할 수 있는 심상이 먼저 떠오르고 공식은 이를 표현하기 위한 표현 수단에 불과하다."

"자신이 이해하는 기업에 동그라미를 치고 가치, 경영, 고난이 역사 면에서 자격 미달인 기업은 제거하라."

— 워런 버핏

1년에 10배 오를 기업보다 10년에 10배 오를 기업에 투자하라

주식은 기업의 재산을 이루는 필수적인 토대다. 주식은 그저 하나의 종잇조각이 아니다. 주식을 매수한다는 것은 그 기업의 미래에 투자하는 것이고, 개인이 기업의 일부분을 소유한다는 의미다.

위대한 투자가들의 책들을 한마디로 요약하면 바로 '가치 투자'를 하라는 것이다. 위의 격언도 이러한 관점에서 볼 때 비슷하다고 볼 수 있다. 아니, 같은 말인데 표현 방식이 다를 뿐이다.

가치 투자를 한다면 어떠한 상황이 오더라도 가치가 반영된다는 점을 믿어야 한다. 투자자의 인내는 쓰지만 열매는 달다. 너무 조급해하지 말자. 뛰어난 기업의 주식을 가지고 있다면 시간은 당신의 편이니 말이다.

인생에서 가장 중요한 선택 중 하나는 배우자를 고르는 일이 아닐까? 평생을 함께할 배우자를 고르는 것은 매우 신중하게 접근해야 할 문제다. 마찬가지로 성공적인 주식 투자를 위해서는 배우자를 고르는 것처럼 신중하게 종목을 골라야 한다. 좋은 종목을 고르려면, 먼저 종목의 성격과 유형 등을 꼼꼼하게 따져 구분할 수 있어야 한다.

워런 버핏의 스승인 필립 피셔는
"모든 리서치가 잘 수행된 다음에 매수했다면,
그 주식을 팔아야 할 때는 오지 않는다."라고 말했고,
투자자라면 한 번쯤은 들어 봤음직한
"처음부터 현명하게 선택했다면 헤어질 이유가 없다."와
일맥상통한 말이다.

"가치 투자하라!" "장기 투자하라!"

물론 다 좋은 말이다. 개인 투자자들은 이 말들이 주식 투자의 정석이고 올바른 길이라는 걸 충분히 이해한다. 하지만 하루에도 수차례 매수와 매도를 반복하면서 자신의 운을 시험한다.

주식은 청개구리와도 같다. 상승에 베팅하면 하락하고, 하락을 예견하고 아무것도 하지 않으면 어느새 상승해있다. 이제는 주식뿐만 아니라 주식쟁이들도 청개구리가 되어 있다. 쉼 없는 매매를 하면 할수록 밑바닥을 기고, 굼벵이 마냥 움츠린 육체는 이제는 숨을 곳을 찾아 땅을 파고 있다. 모두가 아는 일반적인 말이지만 이를 지키지 못한 무모한 행동이 그리 만든 것이다.

워런 버핏은 좋은 기업을 철저히 조사하여 확신이 드는 종목은 장기 투자하라고 권한다. 문제는 좋은 기업은 어떤 기업이냐다. 워런 버핏의 기준으로 '좋은 기업'이란 100개 중에 3개 정도라고 한다. 좋은 기업을 선정했다면 성장성을 큰 줄기로 잡고 잔가지는 쳐 나가듯 그 기업에 장기간에 걸친 집중 투자를 한다.

워런 버핏은 장기 투자자다. 그는 증권거래소가 폐쇄된다고 해도 살아남을 수 있는 기업의 주식을 매입해야 한다고 주장한다. 실제로 그의 펀드에는 20년 이상 보유한 종목이 상당수다.

그렇다면 워런 버핏이 투자 기업을 고르는 원칙은 뭘까?

첫째, 경쟁이 적은 기업이다.

둘째, 순이익이 꾸준하게 나는 기업이다.

셋째, 10년 후에도 계속 잘 팔릴 상품을 만드는 기업이다.

넷째, 제품이 단순해서 누구라도 잘 알 수 있는 기업이다.

다섯째, ROE Return On Equity, 투입한 자기자본이 얼마만큼의 이익을 냈는지를 나타내는 지표로 '자기자본 이익률'이라고 한다**가 높은 기업이다.**

☆☆☆

워런 버핏은 "기업과 결혼하라."고 강조했고, 필립 피셔는 "좋은 주식을 잘 골라 평생 아내를 사랑하듯 장기 보유하라."고 강조했다. 하지만 "주식과 결혼하지 마라."는 주식 격언도 존재한다. 격언이 상반되지만 우리는 숨은그림찾기를 하듯 행간을 읽어내야 한다.

제시 리버모어는 "나는 주식을 싸게 사지 않는다. 물론 나는 항상 효과적으로 시장에서 나에게 유리한 방식으로 사려고 노력한다. 주식을 팔 때 누군가 그 주식을 사려고 하지 않는 한 팔 수 없는 것은 당연하다."라고 말했다. 결국 매매 타이밍을 잡지 못하면 실패를 보게 된다는 의미다.

시카고 대학의 탈러 교수는 학생들을 대상으로 흥미로운 실험을 했다. 학생 중 일부에게 학교 마크가 새겨진 머그컵을 나눠주고 그 컵을 집으로 가져가든지 혹은 팔든지 마음대로 선택하도록 했다. 그는 또 컵을 판다면 얼마에 팔 것인지 조사했다.

컵을 가지고 있는 학생들은 최소한 5달러 25센트는 받아야만 컵을 팔겠다고 대답했다. 그리고 컵을 받지 못한 학생들을 대상으로 그 컵을 돈을 주고 구입한다면 얼마까지 지불할 의사가 있는지도 조사했다. 학생들은 최대 2달러 20센트 이상으로는 지불할 의사가 없는 것으로 조사되었다.

이 실험 결과처럼 사람들은 자신이 보유한 물건에 대해서는 값을 후하게 매기는 반면, 자신이 보유하지 않은 물건에 대해서는 값을 깎으려 하는 경향이 있다. 주식 시장에서도 투자자는 누구나 자신이 매수한 종목을 좋은 주식으로 착각하고는 한다.

악재는 평가절하하고 호재만을 확대 해석한다. 주식을 제3자의 시각에서 판단하지 못하고 주관적인 관점에서 바라본다.

주식에 대한 애착이 강하면 강할수록 주가가 하락 시 시장에서 주식의 가치를 다시 찾을 거라는 기대심리는 높아진다. 그런 기대심리로 인해 손절매의 기회를 놓치게 된다.

자신이 매수한 종목이 '돈'을 벌어줬는가? 자문해보라. 대답이 "아니요."라면 미련 없이 버려라. 부부싸움은 칼로 물 베기라고 한다. 하지만 주식은 어떤가?

주식이라는 놈은 감정도 눈물도 없다. 매수한 사람에게 기쁨을 주든지 아니면 눈물만을 줄 뿐이다. 투자자가 물려서 고생을 하건 말건 아무 상관도 하지 않는다. 오히려 투자자의 피까지 빨아먹는다.

그런 의미에서 "주식과 결혼하지 마라."는 격언이 있는 것이다.

"어떤 주식을 10년 동안 보유하지 않으려면 단 10분도 가지고 있을 생각을 하지 말아야 한다. 결국 투자에서 수익을 내는 것은 포트폴리오에 들어간 회사의 이익이 늘어나면서, 그 주식의 가격이 올라가는 행위이기 때문이다."

— 워런 버핏

18

10년을 보유하지 못할 주식이라면 단 10분도 보유하지 마라

장기 투자가들은 하나같이 "어떤 주식을 10년 동안 보유하지 않으려면 단 10분도 가지고 있을 생각을 하지 말아야 한다."라는 워런 버핏의 말을 인용하면서 장기 투자의 정당성을 피력한다.

하지만 시간이 부자를 만들어준다는 장기 투자란 가치 있는 주식을 발굴해서, 시간이 지난 후 기업의 합리적인 가치 상승으로 수익을 얻는다는 말이다. 그런데 이런 회사를 찾는 건 말처럼 쉬운 일이 아니다. 쉬운 일이 아니므로 우리는 장기 투자의 성립 조건을 매번 잊는다.

"주식 말고 기업을 사라."는 워런 버핏의 말처럼 기업을 선택하는 데 신중을 기해야 한다. 직감에 의존하여 종목을 선택, 매수하여 장기 투자를 해봐야 그 회사가 망해 버리면 장기 투자는 아무런 의미가 없다.

기업의 평균 수명은 우리가 생각하는 것보다 훨씬 짧다. 경영 컨설팅 전문가 케빈 케네디와 메리 무어는 《100년 기업의 조건》에서 "전 세계 기업의 평균 수명은 약 13년 정도며, 설립 뒤 30년이 지나면 기업의 80%가 사라진다."라고 지적했다. 세계 100대 기업의 생존율은 고작 38%에 불과하다는 통계도 있다. 그만큼 기업이 오래 생존하기가 쉽지 않다는 것이다.

결국 2009년을 기준으로 1965년 100대 기업 가운데서 12개 사만이 남게 됨으로써, 1965년 이후 44년이 경과한 시점에서 보면 100대 기업의 매출액 100위권 내 생존율은 12%에 지나지 않았다.

그럼 어떤 기업의 주식을 사라는 건가? 이 정도의 생존 확률이라면 장기 투자를 절대 하지 마라는 것인가?

그건 아니다. 신중하라는 말이다. 장기 투자를 하겠다고 마음을 먹었다면 기본적인 경제 공부가 선행되어야 한다.

기업의 재무제표는 이해할 수 있는지?
매수하려는 주식의 회사 부채는 어느 정도인지?
이익은 내고 있는지?
이익을 내고 있다면 얼마인지?
앞으로 그 업종의 성장성은 어떤지? 등등의
주요 사항을 항상 체크해야 한다는 말이다.

재무제표가 어떤 것인지 알기 위해서 아래의 예를 보자.

A가 사업을 하려는데 10억 원이 필요하다. 그런데 자기자본이 3억 원뿐이다. 그래서 7억 원을 은행에서 대출받아 10억 원을 마련했다. 여기서 10억 원이 바로 자산총계 또는 총자산이 되는 것이다. 대출금 7억 원은 부채총계가 되고, 원래 자신이 보유하고 있었던 3억 원이 자기자본이 된다.

한 가지 예를 더 보자.

A회사의 자산총계는 10억 원이고 부채총계는 7억 원이며 자기자본은 3억 원이다. B회사의 자산총계도 10억 원이고 부채총계는 7억 원이며 자기자본이 3억 원으로 동일하다.

그런데 A회사는 자기자본 3억 원을 가지고 1년 동안 1억 원을 벌었고, B회사는 자기자본 3억 원을 가지고 1,000만 원을 벌었다면 우리는 A회사의 주식을 매수해야 한다. 자기자본이 동일한 입장에서 A회사가 이익을 더 많이 창출했기 때문이다. 최소한 이런 기본적인 사항이라도 체크하면서 장기 보유해야 한다.

☆☆☆

주위에서 들어 봤을 법한 투자 경험 중 하나는 좋은 기업이라고 해서 몇 년 동안이나 보유했는데, 정작 팔려고 하니 주가가 샀을 때 가격과 비슷했다는 것이다.

하지만 차트를 보면 보유하던 기간 중에 주가가 크게 상승했던 시기도 여러 번 있었다. 그런데 추가 상승이 기대되어서 보유했다가, 올라간 주가에서 좀 하락하면 손해를 보는 느낌이라서 팔지 못했던 것이다. 매도 타이밍을 놓친 것이다.

장기 투자라고 해서 무조건적인 장기 보유보다는 유연한 플랜을 짜보는 건 어떨까?

건설업을 영위하는 A기업을 예로 들어 살펴보자.

A기업은 4분기 적자를 발표했는데 정보를 이미 눈치챈 기관과 외국인의 매도로 주가는 이미 상당히 하락한 상황이다. 적자가 났지만 이는 건설경기가 난조인 상황에서 수주했던 결과며, 현재 업황이 회복되고 있다면 기업 가치는 앞으로 정상화될 가능성이 크다.

또한 매출액이 유지되고 있는데다 국내 분양 시장이 서서히 움직이고 있으니, 적자가 흑자로 전환될 여지도 있다. 매출액이 분기 2조 원으로 연간 8조 원이라 할 때, 순이익률이 10%대 호황기에 접어들면 이익은 8,000억 원에 이르게 된다.

분기에 사고파는 매매 전략이 아니라면 업황을 기준으로 수년 후 호황을 목표로, 매출액 대비 순이익률이 10%을 넘는 시기를 매도 시점으로 잡는다. 적자인 기업은 업황이 활황이 되기 전에 망해 없어지는 것이 중요한 리스크지만, A기업은 그런 리스크가 없다. 따라서 싼 가격에 매수하여 순이익률이 10%를 넘어서는 호황기까지 보유한다면 대단히 큰 수익을 얻게 될 것이다.

이처럼 장기 투자 플랜 전략을 수립해 투자를 결정했다고 하더라도 업황을 기준으로 전략을 수정해야 한다. 그럼 워런 버핏이 강조하고 있는 장기 투자가 무의미하단 말인가?

그건 아니다. 무조건적인 장기 투자로 워런 버핏을 흉내 내지 마라는 것이다. 장기 투자를 하려면 기업의 시장 상황이나 성장성, 그 업황의 미래 전망까지 충분히 분석한 후에 장기 투자를 해야 한다.

> "나는 한 번도 내가 보유한 주식의 목표 가격을 설정해본 적이 없다. 하지만 정기적으로 내 투자 근거를 재검토하여, 그 설득력을 평가하는 일은 반드시 하고 있다."
>
> — 앤서니 볼턴

가장 좋은 주식은 이미 보유하고 있는 주식이다

만일 어떤 테마주나 작전주를 운 좋게 저점에서 잡아 높은 수익을 냈다면, 과연 그 주식을 좋은 주식이라 할 수 있을까?

좋은 주식이란 차트가 좋은 모양인 것도 아니고 운 좋게 수익을 냈던 종목도 아니다. 좋은 주식이란 실적이 좋고 자산 가치가 높은 주식을 말한다.

매수 시점 또한 중요하다. 미인주를 매수한 시점이 주식 시장의 꼭지였다면 다른 종목들은 다 하락하는데 나 홀로 상승하지는 못한다. 아무리 좋은 주식이라도 시장과 역행하여 상승하는 것은 한계가 있다. 시장은 투자자 자신의 생각을 관철시켜 옳았음을 증명하는 곳이 아니다. 그래서 종합주가지수로 투자 시점을 잡는 게 먼저고, 그다음에 미인주를 골라야 한다.

경제학자 케인스는 시장을 '미인 투표론'에 비교하여 "시장 참여자들이 어떤 생각을 많이 가지고 있느냐에 따라 시장의 흐름을 파악해야 한다."라고 말했다.

그렇다면 좋은 주식이란 어떤 주식인가?

첫째, 우선주가 보통주로 전환되는 전환우선주다. 가령 A기업의 우선주가 2016년에 발행되었고, 2020년에 만기가 도래하여 보통주로 전환되는 주식이라고 해보자. 현재 본 주의 주가가 10,000원이고 전환우선주가 8,000원이라면 약 20% 괴리율이 존재하는 것이다. 이러한 전환우선주를 매수한다면 20% 할인된 가격으로 주식을 매수하는 것과 같다.

둘째, 자사주를 매입하는 기업의 주식이다. 라면을 생산하는 A기업이 있다고 가정해보자.

A기업은 한 달에 라면 1,000개를 생산하고 한 개당 가격은 1,000원이다. 소비자는 라면을 무조건 1,000원을 주고 살 수밖에 없다. 그런데 B기업이 라면 시장에 진입한다면 어떻게 될까?

B기업은 한 달에 라면을 1,500개를 생산한다. 따라서 라면 총생산량은 2,500개가 된다. 생산량이 많아지므로 소비자는 같은 품질의 라면을 저렴한 가격에 살 수 있게 된다.

주식의 경우도 동일하다. 어떤 기업의 총발행 주식이 10,000주라고 해보자. 그중에서 1,000주를 자사주로 매입하면 시장에서 유통되는 주식 수가 줄어들기 때문에 나머지 9,000주의 가치는 상승하게 되는 것이다.

셋째, 거래량이 많고 거래가 활발한 주식이다. 아이폰을 구매하기 위해 매장 앞에서 밤을 지새우는 고객들을 상상해보라. 인기 있는 제품은 금세 매진이 된다. 주식도 이와 같아서 거래량이 많다는 의미는 시장에서 뜨거운 관심을 받고 있다는 증거다.

넷째, CEO의 역량이다. 코카콜라는 미국이 낳은 세계적인 기업이며, 자본주의의 대명사로 지칭된다. 1985년 당시 코카콜라는 신세대를 위한 새로운 코카콜라를 소비자에게 선보였다. 그것은 바로 코카콜라가 가지고 있는 톡 쏘는 맛이 약한 'New Coke'였다. 하지만 기존 코카콜라 맛에 길들여져 있던 애호가들의 거센 저항으로 'New Coke'는 실패했고, 결국 CEO가 사퇴까지 하게 되었다. 코카콜라처럼 시장점유율이나 재무의 건전성이 높은 기업도 CEO가 누구냐에 따라 매출은 크게 달라진다.

"미인주를 발굴하라."는 말은 장기 투자보다는 단기와 중기 투자를 염두에 둔 주식 격언이다. 미인주가 포함하고 있는 의미에는 우량주도 있지만, 우량주가 아니더라도 경제 환경이나 증권 시장의 여건에 따라서 미인주가 될 수 있는 것이다.

주식 시장은 언제나 변한다. 그 시대를 대표하는 미인주는 항상 존재하며 만인이 좋다고 인정하는 기업이 있다면, 그 기업의 주식은 필연적으로 인기주로 부상한다. 다만 과매수주가가 폭등하여 투자자들이 주식을 적정 수준 이상으로 사들이는 것 구간에서 미인주만을 추종하여 시장에 편승한다면 큰 손해를 입을 수도 있다.

☆☆☆

옛말에 "남의 떡이 더 커 보인다."라는 말이 있다. 말 그대로 내가 가지고 있는 것보다 다른 사람의 것이 더 좋아 보인다는 뜻이다. 그러한 사람의 심리를 유니버시티 칼리지 런던의 안토니아 해밀튼 박사가 실험을 통해 증명했다.

이 실험의 일부 내용을 보면, 실험 대상자 두 명에게 가볍거나 무거운 상자를 들게 했다. 그런데 실험 대상자가 무거운 상자를 들 때는 상대가 들고 있는 상자를 실제 무게보다 더 가벼운 것으로 판단했다. 나만 다른 사람보다 무거운 것을 든다힘든 상황에 놓여 있다는 억울한 감정이 상자의 무게를 다르게 판단하도록 한 것이다.

이런 심리는 주식 투자자들에게도 나타난다.
자신이 보유하고 있는 주식보다
다른 사람들이 보유하고 있는 주식이 더 좋아 보이는 것이다.
자신이 보유한 주식의 상승률이
다른 사람이 보유한 주식의 상승률에 비해
턱없이 낮다고 생각하게 한다.
이는 보유 주식의 가치를 객관적으로 판단하지 못하게 하며,
실제 가치보다 낮은 다른 주식을
과대평가하게 하는 원인이 된다.

피터 린치의《이기는 투자》에 다음과 같은 내용이 있다.

"1985년 상반기에 패니 메이는 마젤란펀드의 전형적인 소규모 투자 종목이었다. 그러나 패니 메이를 다시 분석한 결과 실적이 급격하게 개선됐다는 사실을 발견하고 패니 메이 비중을 2.1%로 높였다. 포드와 크라이슬러가 각각 두 배, 세 배씩 올랐음에도 불구하고 나는 여전히 자동차주를 선호하고 있었다. 포드와 크라이슬러는 실적이 증가세에 있었고, 기업 재무제표가 좋았기 때문이다. 그러나 곧 패니 메이가 포드와 크라이슬러의 뒤를 이어 마젤란펀드의 수익률을 끌어올리는 핵심 종목의 자리를 차지했다."

이와 같이 가장 좋은 주식은 이미 보유하고 있는 주식이라는 것을 피터 린치는 알고 실행에 옮겼다.

얼마 전 한 개인 투자자와 대화를 나눈 적이 있다.

"요즘 주식 투자가 어렵죠?"

"전 항상 똑같아요. 시장 상황이 허락하는 대로 매매를 하니까요."

"그럼, 주로 어떤 종목을 매매하나요?"

"ㅇㅇㅇㅇㅇ 한 종목만을 매매합니다."

이 개인 투자자는 자신이 보유한 한 종목만을 매매하고 있었다. 매매하는 방식도 단순했다. 이동평균선을 이용한 매매였는데, 주가가 240일선 아래에 있다가 240일선 위로 안착하면 매수한다. 그리고 10% 수익이 나면 매수한 주식 중에 $\frac{1}{2}$ 을 매도하고 나머지는 보유한다는 전략이었다.

주가가 매수가 지점까지 하락하지 않고 반등을 하면 다시 $\frac{1}{2}$ 을 재매수해서 10% 상승하면 매도했다. 위와 같은 방식으로 평단가 밑으로 주가가 하락하지 않으면 지속적으로 수익을 챙겼다.

그렇다면 이 시점에서 고민해봐야 할 것이 있다. 보유 중인 종목이 하락 추세인데도 계속해서 보유해야 할까?

결론부터 말하자면 그건 아니다. 보유하고 있다는 이유 하나만으로 무조건적인 신뢰는 금물이다.

사람들은 믹스 커피를 마실 때, 선호도에 따라 물의 양을 조절하여 먹는다. 하지만 물을 너무 많이 부으면 어떻게 되겠는가. 언뜻 보기에 커피처럼 보이지만 커피 맛을 제대로 낼 수는 없다.

주식에 있어서도 마찬가지다. 보유 중인 종목이 좋다고 하여 하락 중인데도 평단가를 낮추기 위해 계속해서 추가 매수를 한다면 들어가는 자금만 많아지고 손실 폭은 더 커져, 이제는 주식이 아니라 원수가 되는 것이다.

아직도 주가가 하락했을 때 물타기를 해놓으면 언젠가는 상승하여 본전을 보다 빨리 찾을 수 있다 생각하는가. 주식에는 바닥이 없다.

"진정으로 훌륭한 투자 아이디어는 단 몇 줄로 설명할 수 있어야 한다. 우리는 지속적인 경쟁우위를 가지고 있는 회사 그리고 능력 있는 경영자가 있는 회사를 좋아한다."

— 워런 버핏

끼 있는 기업을 골라 잃지 않는 투자를 하라

워런 버핏은 현금을 다음과 같이 말하고 있다.

"평소에는 인식하지 못하지만, 없으면 사람이 생존할 수 없다는 점에서 현금은 산소와 같다. 우리는 항상 200억 달러의 현금을 보유하고자 하며 이를 더 잘 사용하기 위해 많은 방법들을 찾고 있다. 나는 월스트리트저널에 〈현금이 왕〉이라는 내용의 칼럼을 쓴 적이 있다. 하지만 향후 사용하게 될 경우에 한해서다. 사용 계획이 없다면 현금은 더 이상 왕이 아니다."

워런 버핏은 여기서 현금은 투자를 할 때 가치가 있다고 말한다. 그러면서 동시에 절대로 돈을 잃지 않는 투자를 하라고 강조한다. 그렇다면 돈을 잃지 않는 투자를 하기 위해서는 어떻게 하면 좋을까?

워런 버핏이 내세우는 기업 평가 요소 네 가지를 살펴보자.

첫째, 기업 요소에 대해서 알아야 한다. 먼저 그 기업이 걸어온 길을 살펴야 한다. 오랜 기간 동안 변함없이 좋은 제품을 생산해온 기업이 최고의 수익을 올린다. 또한 복잡한 기업 내·외부의 환경으로부터 리스크를 통제하기 위해 단순하고 이해하기 쉬운 기업이어야만 하며, 업계 전반의 변화 추세를 파악하여 기업이 보유한 기술의 미래 발전 가능성이 높은지 분석해야 한다.

둘째, 기업의 경영자에 대해서 알아야 한다. 회사가 안정적으로 발전하기 위해서는 CEO의 경영 자세가 중요하다. 경영자가 합리적인 사고방식을 갖고 있는지, 탈세와 횡령 등 구설수에 휘말렸던 적은 없는지, 회사의 모든 상황을 숨김없이 솔직하게 드러내는지, 회사의 자금을 어떻게 배분하는지, 경영자가 관련 업계의 잘못된 관행에 도전할 용기는 있는지를 파악해야 한다.

셋째, 기업의 재무 요소를 살펴야 한다. 먼저 높은 매출수익률을 내는 회사를 선택한다. 그런 다음 주당순이익EPS보다는 자기자본이익률ROE은 어떤지, 사내에 유보금을 남긴다면 그 이상으로 시가총액이 증가하는지를 확보하고, 정확한 기업 가치를 알기 위해 주주 이익을 산출해야 한다.

자기자본이익률ROE을 이용하기 위해서는 먼저 시가로 평가해서는 안되고 보유 중인 유가증권의 취득원가를 기준으로 평가해야 한다. 시가로 평가할 경우 주가 변동에 따라 자기자본이익률이 왜곡될 수 있다. 또한 특별이익이나 특별손실 같은 예외적인 손익은 제외되어야 한다.

넷째, 기업의 시장 요소를 살펴야 한다. 여기서는 주식을 낮은 가격으로 매수하기 위해서는 기업의 내재 가치를 평가할 수 있어야 한다.

정리하자면 워런 버핏의 기업 평가 요소는 '소비자 독점형 기업인지', '그 기업에 대해 제대로 알고 있는지', '보수적이고 합리적인 자산운용을 하는지', '자기자본이익률ROE이 평균 이상15% 이상이고 계속 증가하고 있는지', '유보이익을 이용해 주주의 부를 극대화하는지' 등을 의미한다.

☆☆☆

투자할 기업을 선택하는 데 있어 간과하지 말아야 할 요소 중 하나는 끼 있는 기업, 즉 경쟁우위에 있는 기업을 선택해야 한다는 사실이다. 특히 경쟁의 개념에서 마이클 포터는 "모든 구매자들이 일반적으로 동일한 공급자에 대해 동일한 영향력을 갖지 않는다."라고 주장했다.

기업은 경쟁사들이 실행하지 못하는 가치 있는 전략을 실행할 때, 그리고 이러한 전략을 다른 기업들이 카피하기 어려울 때 지속적인 경쟁우위를 얻는다. 경쟁우위를 유지하기 위해서는 그 기업의 경쟁자원이 희소성이 있거나 진입 장벽이 있어서, 경쟁 기업이 쉽게 모방할 수 없어야 한다.

면도기 시장을 주도하고 있는 업체인 질레트의 경우를 보자. 경쟁사가 일회용면도기 시장에 먼저 진출하자, 질레트는 시장을 지키기 위해 막대한 투자를 감수하며 일회용면도기 시장에 뛰어들었다. 이후 질레트는 일회용면도기 시장을 석권하며 수동면도기 시장 1위를 수성했다.

일반적으로 경쟁우위란 '경쟁사보다 특출한 능력이나 시장에서의 우월한 지위' 또는 '우월한 지위로 얻은 시장점유율이나 수익성'을 의미하기도 한다.

이러한 경쟁우위를 장기간 지속될 수 있는지에 대한 검증 모형으로 'VRIO모형'이 있다.

Value가치

"특정한 자원과 능력이 그 기업으로 하여금 외부로부터 기회를 이용하고 위협을 중화할 수 있는가?"라는 질문에 "그렇다."라고 대답할 수 있다면 가치가 있는 것이다.

Rarity희소성

"어느 자원이 소수의 기업에 의해서만 소유되고 있는가?"라는 질문에 "그렇다."라고 대답할 수 있으면 희소성이 있는 것이다.

Imitability모방 가능성

"어느 자원을 소유하고 있지 않은 기업이 그 자원을 획득, 개발하는 데 있어 원가에 대한 열위불리함를 가지는가?"에 "그렇다."라고 대답할 수 있으면 모방 가능성이 있어서 기존 소유 기업들이 경쟁우위를 갖는다.

Organization조직

"어느 기업의 정책과 과정들이 그 기업이 소유한 가치 있고 희소하며 모방하기 힘든 자원을 이용하기 위해 조직되어 있는가?"라는 질문에 "그렇다."라고 대답한다면 그 조직은 기업의 자원과 능력을 활용할 수 있는 좋은 조직이다.

즉 기업 역량이 가치 있고, 희귀하며,
모방이 어렵고, 조직화되어 있어야 한다는 것이다.
이러한 역량은
기업에 다른 기업이 보유하지 못한 차별화된
경쟁우위를 가져다주며
치열한 경쟁환경에서 살아남기 위해
절대적으로 필요한 요소다.

이러한 조건을 만족시키는 전략적 경영의 성공적 실현 사례 중 하나는 시어스 백화점에서 찾아볼 수 있다. 시어스는 1980년대 말 시작된 불황의 여파로 4조 4,000억 원이라는 천문학적 규모의 적자를 내고 말았다. 창사 이래 최대의 위기를 맞은 시어스는 사원만족–고객만족–주주만족이익증대이 밀접하게 연관되어 있다는 경영이론을 체계적으로 적용했다.

그 결과 사원만족도가 5단위 증가할 때 고객만족도는 1.3단위 증가했고, 또한 고객만족도의 1.3단위 증가는 매출액을 0.5% 증가시켜 이익증대에 직접적으로 기여한다는 것을 규명했다.

"큰돈을 걸기 전에 일단 작은 시험비용부터 걸어보라. 결과 분석은 감정적인 매매에 대한 교정 수단이다. '이전과 이후' 노트를 작성하라."

— 제시 리버모어

모의 투자와 투자 일지를 꾸준히 작성하라

주식 투자를 시작하기 전에 반드시 모의 투자를 거쳐라. 주식 투자를 마음먹었다고 해서 번갯불에 콩 볶아 먹듯 무작정 투자하지 마라. 자신의 투자 전략을 검증하고 주식 투자 결과를 미리 경험해봐야 한다. 이미 실전 투자로 많은 손실을 보고 있다면, 모의 투자를 통해 잘못된 투자 습관을 고치고 투자 원칙을 새로이 해야 한다.

축구 국가대표팀은 월드컵 본 경기에 앞서 평가전을 치른다. 선수들의 부상 위험이 있는데도 평가전을 치르는 이유가 뭐라고 생각하는가. 평가전을 통해 수립한 전략을 시험하기도 하고 새로운 전략을 짜기도 한다. 또한 정신력 재무장, 수비 라인 허점 보완, 대처 능력 향상 등을 꾀하여 월드컵 본선에서 승리할 토대를 쌓는다.

주식도 모의 투자를 통해서 실력을 향상시킬 수 있다. 주식 모의 투자는 전용 프로그램을 이용해 현재의 주식 시장에서 실제 거래를 하듯 주식을 사고파는 것을 말한다. 실전 투자와 다른 점은 모의 투자에서는 주식을 사이버머니로 거래하고, 현재 주식 시장의 데이터만을 활용할 뿐 모의 투자자가 제시한 가격이 실제 가격 형성에 영향을 미치지 않는다는 점이다.

하지만 주식 시장과 동일한 환경을 미리 접하면서
투자를 경험해보고 투자자의 실력을 검증해볼 수 있다.
또한 경제 현상에 대한 분석 능력, 문제 해결 능력,
종합적인 사고력 향상에도 효과가 있다.
준비 없이는 어떤 일도 이룰 수 없다.
모의 투자를 통해 가능성을 시험해보라.

영화나 드라마를 보면 대부분 처음에는 주인공에게 혹독한 시련이 닥치지만 마지막에 가서는 결국 해피엔딩으로 끝이 난다. 하지만 현실에서는 영화와 달리 모두가 해피엔딩을 맞이하는 것은 아니다. 드라마 속 주인공처럼 앞뒤 재보지도 않고 달려든다고 해서 해결되는 일은 없다. 현실에서는 무모한 용기보다는 어떤 전략을 취할 것이냐가 훨씬 더 중요하다. 그리고 전략을 세우고 파악하는 데 모의 투자만큼 효과적인 수단은 없다.

모의 투자를 통해 전략을 수립했다면 소액으로 실전 투자를 경험해보라. 모의 투자에서 느껴보지 못했던 성취감과 좌절감을 동시에 느낄 수 있을 것이다. 하지만 여기서 주의해야 할 점은 몇 번 성공했다고 해서 성취감에 도취되는 것을 경계해야 하고, 또한 몇 번 실패했다고 좌절감을 느껴서도 안 된다.

가장 중요한 포인트는 얼마를 벌었느냐가 아니라, 자금을 얼마나 효율적으로 운영했느냐다. 즉 처음부터 욕심을 내서 많은 수익을 쫓지 말고 원금을 지켜 나가려는 운영 전략을 유지해야 한다.

모의 투자로 확립한 투자 전략을 여러 번 되풀이함으로써 익숙하고 굳건해지도록 연습하라. 그렇게 매매 습관을 잡아 가면 된다. 나중에 보다 큰 것을 얻기 위해서는 자신과의 지루한 싸움을 이어 가야 한다.

☆☆☆

미래학자 앨빈 토플러는 정보 과잉에 대해 경고한 바 있다. 정보가 많을수록 가치 있는 정보가 무엇인지 판단하기 어렵기 때문이다. 정보 과잉 상황에서는 정보를 체계적으로 관리하는 투자자만이 살아남을 수 있다. 정보를 관리하다보면 정보가 주가에 어떤 영향을 미치는지 알 수 있으며, 자신이 '왜 그 시점에 주식을 매매했는지'에 대한 근거를 정확히 알 수 있다.

정보를 관리한다는 것은 증권사나 증권방송에서 사용하는 복잡한 틀을 이용한 관리를 의미하는 것이 아니라, 투자자 개인이 작성한 투자 일지를 통해 관리하는 것을 의미한다.

투자 일지는 사적 영역에 속하는 것으로 격식을 갖출 필요도 없고 제출용도 아니다. 투자자 자신에게 맞는 일지라면 그만이다. 엑셀 또는 워드를 이용하여 투자 일지를 만들어서 저장해도 되고, 작성된 투자 일지를 프린트해서 모아도 된다.

하지만 투자 일지에 반드시 들어가야 하는 항목이 몇 가지 있다. 일반적으로 거래 종목, 수량과 투자금, 투자 기간, 매수가와 매도가, 손실과 이익, 매수 및 매도 근거, 특이사항 등을 적으면 된다.

단순히 투자 일지 작성에만 의의를 둬서는 안 된다. 매매를 실패했다면 스스로 복기를 해보면서 잘못된 투자 습관을 찾아내야 한다. 그래서 다음 매매에서는 똑같은 실수를 반복하지 않도록 해야 한다.

간략하게 투자 일지를 작성하는 예를 적어보면 다음과 같다.

첫째, 매수한 종목을 적고 그 옆에 종목 번호를 적는다.

둘째, 매수 가격과 수량을 적는다.

셋째, 예정 투자 기간을 적는다. 가령 '9월 1일부터 9월 30일까지' 또는 수익률을 기준으로 매매 원칙을 정했다면 '수익 10%에 일부 매도'라고 적는다.

넷째, 매수 결정일과 실제 매수 일자를 적는다.

다섯째, 매수 근거를 구체적으로 적는다. 'A회사의 시장점유율이 60%에 근접했고 매출과 영업이익이 증가하고 있으며, 당기순이익도 마이너스에서 플러스로 전환되었다. 기술적으로는 대량 거래가 발생한 후 주가가 상승했다가 현재는 거래량이 줄면서 눌림목주가가 상승 추세에 있을 때, 일시적으로 조정을 받는 구간을 형성하고 있다고 판단된다. 5일 이동평균선이 20일 이동평균선에 근접하고 있지만, 다시 주가가 상승하면 우상향의 추세를 이어 갈 것으로 본다'는 방식으로 작성한다.

여섯째, 매도 가격과 수량을 적는다.

일곱째, 실제 투자 기간을 적는다.

여덟째, 예상 매도일과 실제 매도일을 적는다.

아홉째, 매수와 매도의 결정 근거가 다른 경우에 그 요인을 자세히 적는다. 가령 매도 기준을 기간 또는 수익률이 아닌 기타 다른 요인에 의해 매도한 경우에는 꼼꼼하게 작성해야 한다.

성공 투자를 위해서는 반드시 투자 일지를 작성하라. 작성한 투자 일지는 투자자 자신만의 주식 역사책이 될 것이다. 자신이 기록한 상황과 유사한 상황이 다시 발생할 때 투자 일지가 큰 도움이 된다.

단언컨대 투자 일지를 작성하는 투자자는 1%도 되지 않을 것이다. 돈을 벌고 싶은가. 투자 일지를 1년만이라도 작성해보라. 비법을 쫓아 강연회나 증권방송에 매어 살고 있는가. 일주일은 손실이 나고, 이익은 하루뿐인 것은 아닌가. 주식으로 돈을 벌 수 있는 가장 간단한 비법은 투자 일지를 작성하는 것이다. 매일같이 자신의 매매를 반성하고 고민하는데 돈을 잃겠는가. 꾸준하게 투자 일지를 써 가면서 자신을 채찍질하라. 반드시 살아남을 수 있다.

"PER은 주식 시장 최고의 심판관이다. 이렇게 할지 저렇게 할지 헷갈릴 때는 복잡한 고민 말고 저PER주만 골라 매입하면 된다."

— 존 네프

22

주가에 반영되지 않은 가치를 찾아라 1

A라는 기업이 있다. 이 회사의 주식을 증권거래소에서 매입하려면 총 300억 원이 필요하다. 그런데 이 회사는 매년 인건비, 재료비, 이자 등을 제외하고 50억 원의 순이익이 발생한다. 매년 50억 원씩 이익이 발생하는 기업을 300억 원에 살 수 있다면 여러분은 사겠는가?

6년이면 원금을 회수하고도 남으니, 사지 않을 이유가 없다. 이것이 바로 저PER의 투자 방법이다.

존 네프는 "저PER은 최고의 심판관이기에 저PER주만 골라 매입하라."고 했고, 찰스 멍거가 "저평가 주식을 가지고 있다가 그 주식이 실질 가치에 가까워지면 바꿔치기하기를 반복해야 한다."라고 말했듯이 가치가 곧 주가에 반영되지는 않는다.

PER Price Earning Ratio, 주가수익비율은 주가가 그 회사 1주당 수익의 몇 배가 되는지를 나타내는 지표로 주가를 1주당순이익 EPS, 주당순이익으로 나눈 것이다.

즉 어떤 기업의 주식 가격이 1,000원이고 1주당 수익이 1,000원이라면 PER은 1이 된다. PER이 1인 회사에 투자한다면, 이 기업이 같은 수준으로 수익을 낼 경우 1년이면 원금을 회수할 수 있다. 이후로 기업이 벌어들인 돈은 모두 투자 이익이 된다.

그리고 어떤 회사의 PER이 5라면, 해당 회사가 꾸준하게 비슷한 이익을 실현한다고 가정했을 때 5년 만에 원금을 회수할 수 있다. 만약 PER이 10인 기업이 다음해에 수익은 두 배로 늘었는데 주가가 제자리라면, 이 기업 PER은 5로 낮아진다. 그 다음해에도 같은 상황이라면 PER은 단순 계산으로 2.5가 된다.

그럼, 주가수익비율인 PER은 높으면 좋을까? 낮으면 좋을까?

절대적인 기준은 없다. 실제로 투자할 때 PER이 낮으면 좋긴 하지만 PER은 상대적 개념이기 때문에 비교 대상이 있어야 한다. IT 업종이면 IT 업종끼리, 건설 업종이면 건설 업종끼리, 동종 업계의 다른 경쟁 회사와 비교해야 한다.

예컨대 건설주인 A건설과 B건설의 주가는 10,000원으로 똑같은데 주당순이익이 A건설은 1,000원이고 B건설은 500원이라면, A건설이 B건설보다 이익을 더 냈음에도 PER은 낮다.

A건설 PER = 주가 ÷ EPS(주당순이익) = 10,000원 ÷ 1,000원 = 10배

B건설 PER = 주가 ÷ EPS(주당순이익) = 10,000원 ÷ 500 = 20배

PER이 높으면 수익에 비해 주가가 고평가된 것으로 보고 PER이 낮으면 수익에 비해 주가가 저평가되었다고 본다. 따라서 A건설의 주가는 상대적으로 저평가되어 있다.

주의할 것은 PER이 낮다고 해서 무조건 좋은 건 아니다. 전통 업종이나 성장이 둔화된 업종의 종목은 PER의 수치가 낮기 때문에, 업종이 미래 성장형이거나 시장 주도 업종 중에서 PER과 PBR Price Book-value Ratio, 주가순자산비율을 비교해서 낮은 걸 선별해야 한다.

그렇다면 PER은 주식 시장의 최고의 심판관이라고 말하는 존 네프의 저PER주 선별법을 알아보자.

첫째, 유력 종목보다 PER은 절반 수준이어야 한다.

둘째, 매년 7% 이상 성장해야 하고, 수익성장률을 판단하는 기간은 5년이 적절하다.

셋째, 높은 배당수익률과 배당성장성을 가진 기업이어야 한다. 다만 배당이 없다고 해서, 성장 가능성이 높은 종목까지 제외하는 것은 곤란하다.

넷째, 총수익률을 PER로 나눈 수치가 업종 평균보다 2배 이상이어야 한다.

다섯째, 수익의 턴어라운드보다 6~9개월 이전에 매수하여 투자자들이 한창 몰릴 때 매도해야 한다.

여섯째, 강력한 펀더멘털을 보유해야 한다. 즉 건전한 재무안정성, 안정적인 현금 흐름, 높은 시장지배력 등이다.

☆☆☆

시장에 진입한 개인 투자자들이 제일 먼저 접하게 되는 것은 다름 아닌 차트다. 차트는 이동평균선, 거래량, 캔들로 이루어져 있지만, 그 내용 전체를 파악하는 데는 많은 시간이 걸린다. 어느 정도 차트를 분석한 후에도, 실전 매매에서 기술적 분석을 이용한 매매가 들어맞을 때도 있지만 그렇지 않은 경우도 비일비재하다.

그런 상황이 되면 확률이 높은 매매 방법을 찾기 위해 차트 안에 보조지표와 추세선을 추가하여 보기 시작한다. 그렇지만 여전히 정답은 오리무중이다. 무엇인가 알았다 싶으면 다시 새로운 딜레마에 빠지는 상황의 연속이다. 그래서 어설픈 분석이나, 섣부른 판단은 오히려 독이 되는 경우가 많다.

이동평균선, 캔들, 거래량, 추세선 등을 통한 분석이 도움이 되지 않았을 때 라운드 프라이스에 관심을 가져보라. 저항과 지지, 돌파 매매를 투자 원칙으로 적용하는 개인 투자자들이 매매 전략의 한 요소로 라운드 프라이스를 추가한다면 승률을 높이는 데 많은 도움이 될 것이다.

라운드 프라이스Round Price는

기업 가치가 반영된 가격이라기보다

시장이 부여하는 가격,

시장 참여자의 심리가 드러난 가격이다.

즉 일반 투매에 있어서 전략적으로 사용되고 있는

심리와 기교의 한 방법이면서

수급에 의해 결정되는 가격을 말한다.

외국인이나 기관의 입장에서 본다면 "19,500원보다는 20,000원까지 상승을 시키자."라는 계획을 수립하는 게 훨씬 수월하지 않겠는가. 쉽게 말해서 매수한 가격이 81,000원이라면 90,000원대에 팔고 싶어 하는 것이 사람의 심리다.

80,000원대에 있던 주가가 90,000원이 됐다든가 또는 2,000원대에 있던 주가가 3,000원대까지 상승하여 시장 참여자들로 하여금 4,000원대로 진입이 가능할 거라는 주가 상승에 대한 기대심리를 만들어 매수세의 유입을 유도하는 것이다.

여기서 실패한 투자자는 2,000원대에 있던 주가가 3,000원이 되면 '비싸졌네', '3,000원이나 하네', '부담되네', '이만큼 올랐으니 하락하겠지'라고 판단하여 매수를 하지 못한다. 반면에 성공한 투자자는 '3,000원대의 매물을 돌파했네', '다음 라운드 프라이스는 4,000원까지 가겠네'라는 판단하에 매수를 한다.

이처럼 라운드 프라이스는 '0'으로 끝나는 십, 백, 천, 만, 십만 단위나 그보다 덜하지만 주가가 10,000원인데 15,000원까지 상승했다거나 100,000원이 150,000원이 됐다거나 하는 '5'가 자리하는 가격대 또한 포함한다. 이런 가격대에서 라운드 프라이스는 저항선을 만들기도 하고 지지선을 형성하기도 한다.

라운드 프라이스는 주가의 버블을 만드는 데 한 몫을 하기도 한다. 라운드 프라이스에는 기업의 실적이나 호재성 뉴스보다는 시장 참여자들의 주가 상승에 대한 기대심리가 강력한 힘을 발휘하기 때문이다.

아무리 좋은 주식이라도 매매하는 투자자가 없다면 주가는 움직이지 않는다. 반면 수급의 주체가 확실한 종목은 시장에서 관심을 받게 되고 상승 탄력을 받게 된다.

주가에 거품이 있다고 해도 계속해서 수급이 유입되고 심리도 나쁘지 않다면, 그 가격이 투자자들의 무언의 합의에 의해 확정되기도 한다.

“돈을 빨리 벌고자 하는 유혹이 너무 커서 많은 투자자들은 대중에 역행하는 것을 두려워한다.”

_ 세스 클라먼

주가에 반영되지 않은 가치를 찾아라 2

다른 투자자들이 미처 매수를 생각하지도 못할 때, 공포에 휩싸여 있을 때, 그 시점이 바로 매수 타이밍이다. 주식 초보자에게 차트가 예뻐 보이는 주식이 있다면 그 주식은 이미 주가가 충분히 상승해있는 경우가 많다. 대중이 상승한 종목에 한눈팔고 있는 사이 바닥에서 꿈틀대고 있는 저평가주를 찾아야 한다.

저평가된 주식은 현재의 기업 가치보다 저평가되어 있는 종목을 말한다. 대부분의 저평가된 종목은 빠른 시일에 오르지 않는다. 심지어 몇 년 이상, 기업의 내용과는 다르게 주가가 형성되기도 한다. 그러나 장기적으로 보면 결국 기업의 주가는 실적과 가치를 반영하여 따라가게 되어 있다. 다만 그것이 언제 일어날지 모르는 것뿐이다.

주식 시장이라는 장기판에서 '왕'의 움직임만을 살피고, '졸'의 움직임을 간과한다면 전쟁에서 승리하기 어렵다. 저평가된 주식을 찾는 방법은 여러 가지가 있지만 그중에 몇 가지를 소개한다.

첫째, BPS Book-Value Per Share, 주당순자산가치**를 알아야 한다.** 주당순자산가치는 주식 1주당 순자산이 얼마인지를 말해준다. 순자산을 발행 주식 수로 나누면 된다. 가령 빵집을 운영하는데 총자산이 1억 원이고, 총부채가 3,000만 원이라면 순자산은 총자산인 1억 원에서 총부채인 3,000만 원을 뺀 7,000만 원이 된다.

BPS = 순자산 ÷ 발행 주식 수

7,000만 원(순자산) = 1억(총자산) - 3,000만 원(총부채)

만약 빵집이 주식회사고 총발행 주식이 1,000주라 해보자. 이때 순자산은 7,000만 원이고 총주식은 1,000주이므로 빵집의 주당순자산가치는 7만 원이 된다. BPS는 회사의 자산 가치를 반영한 지표다. 따라서 BPS는 클수록 좋고, 현재가와의 격차가 적을수록 좋다. 장기 투자를 할 때 특히 유용하다.

70,000,000원(순자산) ÷ 1,000주(총발행 주식) = 70,000원(주당순자산가치, BPS)

A회사의 BPS는 3만 원이며 현재가는 6만 원이고, B회사의 BPS는 4만 원이고 현재가는 5만 원이다. 그렇다면 A보다는 B회사를 선택해 투자해야 한다. BPS는 현재가보다 낮게 형성되므로 현재가와 BPS의 격차가 적은 회사를 선택하면 된다.

즉 A회사는 BPS와 현재가가 3만 원이나 차이가 나서 비싸고, B회사는 BPS와 현재가가 1만 원밖에 차이가 안 나서 싸다.

둘째, PBR Price Book-value Ratio, 주가순자산비율**을 알아야 한다.** PBR은 주가가 순자산에 비해 어느 정도의 비율인지를 나타내는 것으로 현재가를 BPS로 나누면 된다.

PBR = 현재가 ÷ 주당순자산가치(BPS)

위의 예에서 빵집의 BPS는 7만 원이고, 현재가가 5만 원이라면 PBR은 0.71이다. 만약 PBR이 '1'이라면 주가와 주당순자산가치가 같다는 의미고, 시가총액과 순자산이 동일하다는 의미가 된다.

50,000원(현재가) ÷ 70,000원(BPS) = PBR 0.71

주가순자산비율인 PBR이 '1' 미만인 경우, '회사의 시가총액이 청산가치에 못 미친다'는 말이다. 이 말은 회사를 청산해서 주주들에게 배분했을 때 주주들이 이득을 볼 수 있다는 것이다. 하지만 PBR이 '1' 미만의 기업들은 수익성이 떨어지거나, 기업 구조 또는 재무 구조에 문제가 있거나 미래 수익이 불안정하다고 전망이 되는 경우도 많으므로 주의가 요구된다.

셋째, EPS Earning Per Share, 주당순이익**를 알아야 한다.** EPS는 기업이 벌어들인 순이익을 그 기업이 발행한 총주식 수로 나눈 값이다.

EPS = 당기순이익 ÷ 발행 주식 수

다시 빵집을 예로 들자면, 1년 동안 벌어들인 순수익이 1,000만 원이라 하고 총발행 주식이 1,000주라면 1년 동안 주식 1주가 1만 원을 벌었다는 말이 된다. 따라서 EPS가 높을수록 주식의 투자 가치는 높다고 볼 수 있다. EPS가 높다는 것은 그만큼 경영 실적이 양호하다는 뜻이며, 배당 여력도 많다는 뜻이므로 주가에 긍정적인 영향을 미친다.

10,000,000원(1년 순수익) ÷ 1,000(총발행 주식) = 10,000원(주당순이익, EPS)

넷째, PER Price Earing Ratio, 주가수익비율**을 알아야 한다.** PER은 특정 주식의 주당 시가를 주당 이익으로 나눈 수치로, 주가가 1주당 순수익의 몇 배가 되는지와 함께 시가총액이 당기순이익의 몇 배인지도 나타낸다.

PER = 주가 ÷ EPS(주당순이익)

= 주가 × 주식 수(시가총액) ÷ 주당순이익(EPS) × 주식 수

다시 빵집을 예로 들자면, 현재가가 5만 원이고 1주당 수익이 10,000 원이라면은 PER은 5.0이 된다.

5천만 원(시가총액) = 1,000주 × 5만 원(현재가)

1천만 원(당기순이익) = 1,000주 × 1만 원(EPS)

5.0(PER) = 5천만 원(시가총액) ÷ 1천만 원(당기순이익)

하나의 예를 더 보자. 1억 원을 투자해서 빵집을 냈는데, 1년에 2,000 만 원 순수익을 냈다면 1억 원이라는 투자금을 회수하기 위해서는 몇 년이나 걸릴까?

투자금은 시가총액으로 볼 수 있고, 2,000만 원은 당기순이익으로 볼 수 있다. 따라서 PER은 5배가 된다. 다시 말해 PER이 5배라는 의미는 5년이면 빵집을 하나 더 낼 수 있다는 말이다.

PER이 높다는 것은 주당 이익에 비해 주식 가격이 높다는 것을 의미하고 PER이 낮다는 것은 주당 이익에 비해 주식 가격이 낮다는 것을 의미한다. 그러므로 PER이 낮은 주식은 앞으로 주식 가격이 상승할 가능성이 크다.

다섯째, ROE Return On Equity, 자기자본이익율**를 알아야 한다.** ROE는 자신이 투자한 돈으로 회사가 얼마만큼 돈을 벌고 있는지를 나타내는 지표다.

ROE = 당기순이익 ÷ 자기자본 × 100

예를 들면 자기자본이 똑같이 30억 원인 A, B 두 회사가 1년 동안 장사를 해서 A라는 회사는 10억 원당기순이익을 벌었고, B라는 회사는 1억 원당기순이익을 벌었다. 당연히 A회사가 장사를 잘한 것이다. 그렇다면 두 회사의 자기자본이익률은 어떻게 될까?

자기자본이익률은 당기순이익을 자기자본으로 나눈 후 100을 곱해주면 된다. 따라서 A회사의 ROE는 10억 원을 30억 원으로 나눈 후 곱하기 100를 해주면 33%가 되고, B회사의 ROE는 1억 원을 30억 원으로 나눈 후 100을 곱하면 3.3%가 된다. 이 말은 A회사는 자기자본 30억 원을 가지고 1년 동안의 순수익이 33%이고, B회사는 3.3%라는 의미다.

10억 원(당기순이익) ÷ 30억 원(자기자본) × 100 = 33%(ROE)

1억 원(당기순이익) ÷ 30억 원(자기자본) × 100 = 3.3%(ROE)

그렇다면 최근 5년간의 과거 ROE가 아래와 같다면, C와 D 중 어느 회사에 투자해야 하는가?

	2016년	2017년	2018년	2019년	2020년
C	24%	28%	25%	28%	29%
D	7%	13%	12%	18%	25%

결론은 D회사에 투자해야 한다. C회사는 ROE가 정체되어 있는 반면에 D회사는 ROE가 계속 증가하는 추세다. 성장성이 C회사에 비해 D

회사가 좋다.

여섯째, EBITDA Earnings Before Interest, Tax, Depreciation and Amortization**를 알아야 한다.** EBITDA는 기업이 영업활동을 통해 벌어들인 현금 창출 능력을 나타내는 수익성 지표다. 이자비용, 법인세, 감가상각비를 공제하기 이전의 이익으로 편의상 영업이익과 감가상각비를 더해서 구한다.

EVEnterprise Value, 기업 가치/EBITDA지표는 기업이 자기자본과 타인자본을 이용하여 어느 정도의 현금흐름을 창출할 수 있는지를 나타내는 지표로 비율이 높을수록 주가가 고평가, 즉 기업이 벌어들이는 이익에 비해 기업의 총가치가 높게 평가된 것이다.

EV = 시가총액 + 순차입금(순차입금 = 총차입금 - 현금 및 유가증권)

EBITDA = 순이익 + 이자비용 + 법인세 + 감가상각비

이해를 위해 간단한 예를 들어보자. 스크린 골프장 사업을 개업한다고 했을 때 보증금, 골프채 세트, 스크린 골프 장비 세트, 편의시설을 갖추는 데 비용이 소요된다.

이 사업에서 골프채, 스크린 골프 장비 세트는 사용연수에 따라 교체를 해야 하는데 이것을 감가상각비Depreciation라고 한다. 이러한 감가상각비는 현실적인 현금 유출이 발생하는 것이 아니라 이론상 현금이 빠져나간다고 가정하는 것뿐이다. 그래서 손익계산서상의 순익과 실제 매출을 발생시켜서 유입되는 현금이 서로 다르게 된다.

왜냐하면 감가상각비는 장부상 비용으로 공제했을 뿐이고, 실제로는 현금 유출이 없었기 때문이다. 이런 관점을 토대로 '1년 동안 얼마만큼의 EBITDA를 내었는가'는 중요한 의미를 갖는다.

예컨대 반도체나 LCD 제조업체들의 라인 한 개의 수명은 평균 3~4년이다. 1조 원을 들여서 한 개의 라인을 만들었을 때 3~4년 만에 1조 원이 감가상각비로 계상된다. 이런 이유로 1조 원을 4년으로 나누면 1년에 순이익으로 계산할 때 2,500억 원씩 없어지는 것이지만 현실적으로 돈이 소비되는 것은 아니다.

이것이 의미하는 바는 감가상각비 등을 반영하여 마지막에 나오는 순이익 같은 회계적인 이익이 실질적으로 창출된 경제적 이익과 현금흐름을 반영하지 못하기 때문이다. 일반적으로 감가상각비 같은 비현금적 계산, 즉 비용을 배분하기 위한 계산을 다시 제외함으로써 실질적으로 기업이 창출한 가치를 정확하게 반영하는 이익을 계산하기 위한 것이다.

또한 현금이 얼마나 실질적으로 유입되는지도 알 수 있으므로 기업의 현금 창출 능력의 지표가 된다. 회계적인 이익은 주어진 기간에 창출된 비용과 수익을 정확하게 배분하는 데 그 목적이 있다. 그러나 회계적 이익은 실질적으로 얼마나 큰돈을 벌고, 손해를 봤는지에 대해 정확한 시간 가치를 반영하지 못하는 단점이 있다.

따라서 기업의 가치를 평가할 때 이러한 경제적 가치를 반영하는 지표들을 다수 사용한다. 또한 현대 기업들은 이러한 지표들을 통해 경영활동을 영위한다. 이른바 가치경영이다.

BPS, PBR, EPS, PER, ROE, EBITDA는
주식 투자자라면 당연히 알아야 하는
기초적 개념이다.
과연 몇 명의 투자자가
이 개념을 알고 값을 구해서 투자하고 있을까?

말로만 저평가주라고 떠든들 무슨 소용인가?

객관적 자료를 바탕으로 대중과 반대로 움직인다면 나중에 대중이 알아서 주가를 상승시켜줄 것이다. 그때 여러분은 웃으면서 주식을 매도하면 되는 것이다.

"포트폴리오에 주식을 추가할 때 동일한 위험에 노출되어 있는 주식을 피해야 한다. 소수의 종목으로 적절히 구성된 포트폴리오는 다수의 종목으로 부적절하게 구성된 포트폴리오보다 위험이 적다."

— 바한 잔지지언

24 분산 투자와 자산 3분법을 활용하라

투자자들이 많은 종목을 보유하게 되는 이유는 뭘까?

스스로에게 자문해보라. 만약 좋은 종목이 눈에 띄어서 사다 보니 많아진 거라면 최악의 매매를 하고 있는 것이다. 대개 투자자들이 보유 종목을 여러 개 가지고 있는 이유는 "계란을 한 바구니에 모두 담지 마라."는 격언 때문이다. 그런데 투자자들은 동종 산업에 속한 종목인 경우에도 여러 개 사면 된다고 종종 착각한다.

중공업주를 예로 들어보자. 분산해서 투자한다고 생각하고 A중공업, B중공업, C중공업, D중공업 등을 사서 한 바구니에 담는다면 어떻게 되겠는가. 단순히 분자 투자했으니 A중공업이 떨어져도 위험관리는 된다고 생각하는가. 동종 산업 종목들은 종목명만 다를 뿐 함께 있으면 깨지기 쉬운 계란들이다.

만약 A중공업이 실적 우려에 신저가를 형성했고 선가 하락, 원화 강세, 저가 수주 등의 삼중고를 겪고 있는 상황이라면 동종 기업들 또한 한꺼번에 망가질 것이 자명하다.

마찬가지로 반도체주로만 포트폴리오를 구성했을 때 경기 둔화로 인한 소비자 수요 감소에 대한 우려로 필라델피아 반도체지수가 큰 폭으로 하락했다면 손실은 불 보듯 뻔하다. 그래서 한 바구니에 담아서 보유해야 할 종목은 업종이 달라야 한다. 그래야 한 종목이 악재로 하락한다고 해도 다른 종목은 온전히 제 몫을 해줄 여지가 남아 있게 된다.

물건을 하나 살 때도 여기저기 발품을 팔며 가격도 저렴하고 품질도 좋은 물건을 고르려 노력하지 않는가. 자신의 돈을 투자할 종목은 스스로 찾아야 한다. 그래야 종목 수가 늘어나지 않는다. 보유 주식이 6종목 이상이라면 줄여라. 현금도 종목이라는 생각으로 현금 비중을 늘리고, 3~4종목으로 압축하라. 그래야 리스크 관리에 편하다.

소수의 종목으로 적절히 구성된 포트폴리오는 다수의 종목으로 부적절하게 구성된 포트폴리오보다 위험이 적다. 포트폴리오 구성은 시장을 이끌고 있는 주도주 한 종목에, 타 업종 중에서 원칙에 맞는 2~3종목을 선별하여 편입시켜야 한다. 주도주에 30% 비중을 두고 나머지 종목들은 10~20% 정도의 비중을 실으면 된다.

주도주의 상승 탄력이 아주 좋거나 하락했던 종목이 재상승 중이라면, 자본이 없어서 추가 매수가 불가능할 정도로 여유 없이 포트폴리오를 구성하면 안 된다. 일정 부분 현금도 가지고 있어야 한다. 주식의 보유 비율이 높다고 해서 항상 돈을 더 많이 벌 수 있는 것도 아니다.

일반적인 현금 보유 비율은 상승장에는 주식 70%에 현금 30%, 박스권에서는 주식 50%에 현금 50%, 하락장에는 주식 30%에 현금 70%, 또는 전액 현금을 보유하는 것이다. 기억하라. 돈을 사랑한다면 돈을 차갑게 다룰 줄도 알아야 한다.

여러분이 지금 보유하고 있는 종목의 수는 몇 개인가? 수익이 나고 있는 종목은 있는가? 손실이 난 종목은 몇 개인가?

만약 포트폴리오 구성 종목이 많다면 손실이 제일 많은 종목부터 매도하라. 하락 폭이 크니까 곧 올라갈 거라는 생각은 버려라. 상승한다고 하더라도 팔아야 한다. 왜냐하면 떨어진 폭 만큼 회사 사정은 안 좋다는 것이고, 갑자기 적자에서 흑자로 돌아설 가능성도 매우 낮다.

보통 개인 투자자들은
포트폴리오를 압축하라고 하면
수익 중인 종목을 팔아서
손실 중인 종목을 추가로 매수하는 경우가 많다.
그러나 여러분도 알고 있지 않은가.
강한 종목에 올라타라는 말처럼
주식이라는 놈은 강한 놈은 더 강해지고,
약한 놈은 한없이 약해진다.

매우 뛰어난 투자자가 아닌 이상은 충분한 분산 투자를 해야 한다. 분산 투자를 통해 당신이 잘못된 한 종목에 투자해 돈을 잃을 가능성이나, 장기간 저평가된 주식이 오르지 않아 수익을 얻지 못하는 것을 보완할 수 있다.

또한 분산 투자를 할 때 한 분야에 한해서만 포트폴리오를 구성하면 안 된다. 가령 특정 기술 종목에 한해 구성된 포트폴리오는 올바르게 분산 투자됐다고 할 수 없다.

자신이 신경 쓸 수 없는 수준까지는 보유하지 말자. 너무 많은 수의 종목은 정말 좋은 소수의 기업에 집중할 수 있는 기회를 잃어버리게 한다. 또한 안 그래도 신경 쓸 곳 많은 당신에게 스트레스만 쌓이게 할 수 있다.

피터 린치가 말한 것을 기억하자.

"주식을 보유하는 것은 아이를 키우는 것과 같다! 너무 많아도 곤란하다."

☆☆☆

필자는 앞에서 동종 산업에 속한 종목에 투자하지 마라는 의미로 언급했지만, 투자자의 자산을 한꺼번에 동일자산에 올인해서 투자하지 마라는 의미로도 해석될 수 있다. 현재는 이렇게 자산을 분산해서 투자하는 것을 포트폴리오라는 말로 표현하기도 한다.

매스컴에서 자산이 생각처럼 늘지 않는 30~40대 부부가 자산을 효율적으로 관리하는 방법을 전문가에게 문의하면, 전문가는 제일 먼저 "자신의 포트폴리오를 점검해보라."고 말한다.

원래 포트폴리오는 '서류 가방' 또는 '자료 수집철'을 뜻한다. 하지만 일반적으로는 주식 투자에서 여러 종목에 분산 투자함으로써 한 곳에 투자할 경우에 생길 수 있는 위험을 피하고, 투자 수익을 극대화하기 위한 방법으로 이용된다.

은행이나 투자자 등이 가지고 있는 유가증권 목록 또는 투자 자산의 집합을 뜻하기도 하는데, 대체로 직접 투자에 자신 없는 사람들이 이용하는 투자 방법이다. 결국 포트폴리오란 분산 투자와 일맥상통한다.

흔히 재테크의 대상인 자산은 크게 주식, 채권예금, 부동산 세 가지로 나뉜다. 그럼 이 3자산을 어떻게 투자하면 좋을까?

효율적인 투자를 위해 20세기 최고의 경제학자 케인스가 주장한 '자산 3분법'을 활용할 필요가 있다. 이 이론은 주식, 부동산, 채권에 $\frac{1}{3}$ 씩 분산 투자하라는 이론으로 원금을 지켜야 한다는 안정성, 이익을 극대화해야 한다는 수익성, 현금화가 용이해야 한다는 환급성을 조화시킨 것이다.

자산 3분법은 투자 자산을 주식, 채권예금, 부동산에 각각 $\frac{1}{3}$ 씩 투자하여 일정 기간이 지난 후 자산들의 가격 변동이 크게 발생하게 되면 자산을 재조정해야 한다.

예를 들어 3억 원을 주식, 예금, 부동산에 각각 $\frac{1}{3}$ 씩 투자한다고 가정해보자. 주식에 1억 원, 예금에 1억 원, 부동산에 1억 원을 투자한 후 경제가 호황기에 접어들면서 주식은 23% 상승하고 부동산은 13% 상승했을 경우 포트폴리오를 재조정한다.

상승분을 더하면 주식은 1억 2,300만 원, 부동산은 1억 1,300만 원이 된다. 연 3% 이자를 받았다고 가정했을 때 예금은 1억 300만 원이 되어 자산총액은 3억 3,900만 원이 된다.

자산 3분법에 따라 포트폴리오를 재조정하면 주식을 1,000만 원 매도하여 예금에 1,000만 원을 증액시키면 된다. 결과적으로 세 종류의 자산이 각각 1억 1,300만 원씩으로 재조정된다.

주식 : 1억 23%		1억 2,300만 원		1억 1,300만 원
예금 : 1억 3%	→	1억 300만 원	재조정 →	1억 1,300만 원
부동산 : 1억 13%		1억 1,300만 원		1억 1,300만 원

그후 불경기에 접어들었다고 가정하고 주식이 23% 하락하면 8,701만 원, 예금에 3% 이자가 붙어 1억 1,639만 원, 부동산이 13% 하락했을 경우 9,831만 원이 되어 자산총액은 3억 171만 원이 된다. 다시 자산 3분법에 따라 포트폴리오를 조정하면 주식에 1,356만 원, 부동산에는 226만 원을 더 투자하여 각각 1억 57만 원이 투자되도록 한다.

주식 : 1억 1,300만 원 –23%		8,701만 원		1억 57만 원
예금 : 1억 1,300만 원 3%	→	1억 1,639만 원	재조정 →	1억 57만 원
부동산 : 1억 1,300만 원 –13%		9,831만 원		1억 57만 원

자산의 비중에 크게 차이가 생길 때 반복적으로 포트폴리오를 재조정하는 것이 자산 3분법이다. 이처럼 자산 3분법은 자산을 관리할 때 주식, 채권, 부동산에 균일하게 분산하여 재테크하는 것으로 안전성과 수익성을 조화시키는 최적의 투자 방식이다.

재테크는 원금 손실을 방지하면서 수익을 창출하는 것이 목적이기 때문에 자산 3분법을 활용하는 것이 유리하다.

"가치 판단을 할 수 있을 만큼 충분한 정보를 알고 있는 한 가지 주식이, 잘 모르는 열 가지 주식보다 더 안전하다. 확신 없는 대상으로 지분을 분산시키기보다는, 위험하지 않다고 믿을 수 있는 증거를 보여주는 한 가지 종목을 대량 보유하라."

— 존 메이너드 케인스

25

분산 투자해도 관심 종목을 줄여 집중하라

코스피가 연중 최고치를 갈아치우며 상승을 거듭하던 때에 개인 투자자는 과연 수익을 냈을까?

외국인은 매일 코스피에 자금을 쏟아 부으면서 지수를 끌어올렸고 분산보다는 집중에 포커스를 맞췄다. 즉 코스피 상위 종목을 집중적으로 매수함으로써 지수만을 올렸을 뿐, 개별 종목은 상승보다는 하락이 훨씬 많았다. 다음은 개인 투자자 A씨와의 대화 내용이다.

A : 코스피는 오르는데 개별 종목은 움직임이 없네요?

B : 그러게요. 전 10종목을 보유 중인데 한 종목만이 빨간불입니다.

A : 투자금이 얼마인데 10종목이나 되세요?

B : 1억 원인데 분산 투자를 해야 한다고 해서 코스피 5종목, 코스닥 5종목 샀는데 본전 수준입니다.

개인 투자자 A씨는 투자금 1억 원을 10개의 종목에 나누어 투자를 하고 있었다. 이런 투자 방법이 과연 올바른 투자일까?

물론 손실에 대한 부담감은 현저히 떨어진다. 하지만 이익도 없다. 시간 가치에 대한 기회비용까지 생각한다면 본전이라 하더라도 손해에 가깝다. 투자에 있어 개인이나 기업이나 돈을 벌기 위해서는 무분별한 분산보다는 집중이 훨씬 낫다.

월가의 증권왕인 제럴드 로브는 "너무 많은 종목을 매수하는 것은 자신의 무지를 감추는 것에 지나지 않는다. 당신이 가진 계란 전부를 한 바구니에 담은 뒤 최선을 다해 바구니를 지키는 것이 가장 안전한 방법이다."라고 말한다. 그렇다고 한 번에 많은 양의 주식을 집중 매입하라는 말은 아니다. 시차를 두고 나눠 매수해야 한다.

예를 들면 A주식을 10,000원에 1,000주 매수한다고 가정해보자. 그런데 이 주식이 상승하여 10,300원이 된다면, 현재의 수익률은 3%다. 상승 추세를 타고 있다고 판단하여 10,300원에 1,000주를 추가 매수한다. 주가가 더 상승하여 10,700원이 되고, 10,700원에 1,000주를 더 매수한 이후 주가는 11,000원까지 상승한다. 현재까지 총보유 수량은 3,000주고 평균단가는 10,333원이며, 현재가는 11,000원이다.

10,000원 → 1,000주 매수 = 10,000,000원

10,300원 → 1,000주 매수 = 10,300,000원

10,700원 → 1,000주 매수 = 10,700,000원

[(10,000 × 1,000) + (10,300 × 1,000) + (10,700 × 1,000)] ÷ 3,000주

평균단가 : 10,333원

만약 주가가 조정을 보이면서 10,800원을 찍고 주가가 반등을 보이면 10,950원에 1,000주를, 11,000원에 500주를, 11,050원에 500주를 산다.

이와 같이 상승 추세가 유지된다는 조건하에서 A라는 종목을 집중 투자한다면 원칙 없는 분산 투자보다는 더 많은 이익을 줄 것이다.

☆☆☆

우리는 '팔방미인'이라는 말을 자주 사용한다. 여러 분야에 능통한 사람을 비유적으로 쓰이는 말이다. 보통 공부면 공부, 노래면 노래, 운동이면 운동, 못하는 게 없는 사람을 팔방미인이라 일컫는다.

하지만 반대의 의미도 있다. 한 가지 일에도 정통하지 못하고 온갖 일에 조금씩 손대는 사람을 놀림조로 부르는 말로도 사용되며, 주관이 없이 누구에게나 잘 보이도록 처세하는 사람을 낮잡아 이르는 말로 사용되기도 한다.

우리 주변에는 다양한 분야에 관심을 갖고 있는 사람들이 종종 있다.

예를 들면 음악에도 관심 있고, 등산에도 관심 있고, 스포츠에도 관심 있고 이런 식이다.

하지만 다방면에 관심이 있는 사람들은 어떤 분야에 대해서도 자세히 알지 못하고, 수박 겉 핥기 식으로 표면적인 지식이나 정보만 알고 있는 경우가 많다. 우리는 이런 경우에 "팔방미인이 제대로 하는 건 하나도 없다."라는 표현을 사용한다.

주식 투자에서도 관심 종목이 많아지면 백화점식 포트폴리오 구성으로 연결될 수 있다. 주식 투자에 실패하는 이들의 문제점 중 하나가 관심 종목 리스트가 너무 많다는 것이다. 투자자 모니터에 띄워 놓은 관심 종목 수가 100개가 넘고 보유 종목도 10개 이상인 경우도 많다.

개인 투자자가 경계해야 할 가장 큰 적은 충동 매매다. 그러기 위해서는 관심 종목을 줄여야 한다. 관심 종목을 최소화하여 각 종목의 움직임을 분석하고 매매 패턴을 잡아야 한다.

관심 종목이 100개이고 보유 종목이 10개라고 해서
수익률이 종목 수와 비례해 증가하는 것은 아니다.
오히려 관심 종목의 수만큼 매매 집중도가 떨어져
수익률에 악영향을 줄 뿐이다.

개인 투자자가 관심 종목을 줄이기 위해 필요한 자세에는 어떤 것이 있을까?

첫째, 좋은 종목을 골라내야 한다. 그다음이 미국 금리가 올랐다거나,

유가가 상승했다거나 하는 증시 주변 상황을 체크하는 것이다.

둘째, 관심 종목 수는 30~50개 내외여야 한다. 그리고 이 30~50개 종목들 중에서 매매할 종목을 선택해야 한다. 그래야 자신이 발굴한 종목에서 손실이 나더라도 왜 예상한 흐름과 다른지, 왜 하락파동이 이어지는지, 발생된 거래량의 의미는 무엇인지 등을 분석할 수 있다.

셋째, 관심 종목의 교체는 시장의 주도주가 변했을 때 하는 것이다. 잦은 관심 종목의 교체는 기존 관심 종목에 또 다른 관심 종목을 더하는 상황으로 변질될 수 있다.

수익을 높이기 위해 관심 종목을 늘리는 우를 범하지 말아야 한다. 오히려 관심 종목을 줄이는 것이 매매 집중력을 높여주며, 투자자가 자신 있는 매매를 이어 가고 수익을 낼 수 있게 한다. 지금부터 관심 종목 및 공략 종목 수부터 줄여라. 그리고 그 종목의 움직임에 집중하라.

“경기 불황과 주가 폭락은 곧 투자 기회다. 끝나지 않는 불황은 없으며 위험은 단지 경기 변동의 일부일 뿐이다. 불황과 폭락에도 웃으면서 주식을 살 수 있어야 진정한 투자자라 할 수 있다.”

— 워런 버핏

26

일희일비하지 말고 때를 기다려라

주식 시장에서 자주 회자되는 표현으로 “남의 불행은 곧 나의 행복이다.”라는 말이 있다. 주식 시장은 제로섬 게임이니 당연하다. 한편으로는 기쁘고, 다른 한편으로는 슬픈 것을 일컫는 일희일비라는 말도 있다. 보통 주식 시장에서 일희일비는 감정에 치우친 매매를 지양하라는 의미다. ‘남의 불행은 곧 나의 행복’은 서글픈 일이지만 주식 시장에서 만큼은 딱 들어맞는 말이다.

쉽게 설명하자면, A씨가 보유한 주식이 하락하여 A씨는 매도하고 B씨가 이 주식을 저가에 매수했는데 바로 주가가 상승한 경우다. 다른 투자에서도 마찬가지겠지만 특히 이기적인 주식 시장에서는 서로 윈윈할 수 있는 경우는 없다.

A유업 사태를 보면 물품 강매와 영업사원 폭언 파문으로 검찰 조사까지 받게 되자 주가가 하락했다. 하지만 A유업이 주춤하자, 경쟁 업체인 B유업 등 관련 유제품 업체는 반대로 수혜를 봤다.

한 가지 예를 더 들면 모 화학 업체에서 기계의 결함으로 화재가 발생하자 일시적으로 주가가 하락했다. 개인 투자자들이 악재라고 판단하고 매도했기 때문이다. 하지만 외국인이나 기관은 이 기회를 이용하여 저가에 주식을 매수했다. 다음 날부터 그 화학 업체의 주가는 거짓말처럼 반등했다.

개인들은 단발성 악재에 불안 심리를 극복하지 못하고 매도한 반면 세력들은 개인들이 던진 주식을 바겐세일 가격으로 매수한 것이다. 외국인과 기관은 이러한 개인들의 불안 심리를 이용하여 항상 웃고, 가엾은 개인들은 항상 운다.

친구로부터 이런 푸념을 들은 적이 있다. 장기 투자를 하겠다고 나름 좋은 기업을 골라 매수했더니 주가가 급등했고, 그러면서 회사생활이 즐겁고 씀씀이 폭도 커졌다고 한다.

하지만 어느 정도 시간이 흐른 후 상황이 역전되었다. 유상증자 공시로 투매 물량이 시장에 나오면서 상승분을 모두 토해냈고, 결국 그 상황을 견디지 못하고 매도했다고 한다. 계속해서 하락하는 주가를 보고 있자니 얼마나 속이 탔을까?

하지만 그 친구가 주식을 매도한 후 해당 기업의 재무건전성이 좋다는 게 확인되었다. 또한 그후 대기업과의 공급계약 체결 성사로 주가가 급등했다.

큰 흐름에 초점을 맞췄다면 작은 등락에는 연연하지 말아야 한다. 많은 투자가들은 주가가 하락하면서 수익률이 기대했던 것보다 마이너스로 전환되면 전형적으로 하는 말이 있다.

"묻어 두지 뭐! 다 내려놨어. 언젠간 오르겠지."

그런 말을 할 때의 표정을 보면 실망스런 감정과 함께 동시에 짜증과 허탈감, 그렇지만 그 안 깊은 곳에는 "언젠가는 올라서 대역전극을 맞이할 수 있다."라는 실낱같은 기대가 남아 있다. 오늘도 내일도 장이 시작하면 핸드폰을 만지작거리면서, 자기최면에 빠져 허우적거린다.

자신이 투자한 주식이 상승하면 좋지만 하락하면 짜증이 배가 된다. 설사 장기 투자하겠다고 공언한 사람이라도 어쩔 수 없다. 하지만 극복해야 살아남을 수 있으니 주식이라는 게 얼마나 잔혹한가.

그렇다고 성인군자가 되라는 말은 아니다. 기쁠 때는 기뻐하고 슬플 때는 슬퍼하라. 단지 기쁨은 배가 되는 방법을 강구하고, 슬플 때는 감정을 조절하고 차선책을 마련하라.

☆☆☆

"월스트리트에도 바보가 있으니 언제나 거래해야 한다고 생각하는 사람이다."

월가 격언이다. 우리에게도 비슷한 주식 격언이 있다.

"주식 시장에서 바보는 항상 거래를 해야 한다고 생각한다."

이처럼 주식 시장에는 동·서양을 불문하고 시장에 돈을 헌납하는 무모한 투자자들이 존재하고 있다. 월가에는 인내심을 갖고 때가 무르익기를 기다리는 현명한 투자자도 많지만, 멍청한 짓을 반복하는 바보스런 투자자 또한 존재한다.

〈주식 투자는 개미들의 무덤이다〉라는 칼럼이 생각난다. 단결력이 약한 개미다 보니 자본력에서 밀리고 정보력에 한계가 있다는 내용이었다. 옳은 말이다. 개미가 주식을 매수한다고 해도 바다 한가운데서 돌멩이 하나 떨어뜨린 정도의 희미한 파동이 잠깐 생겨날 뿐, 그것으로 끝이다. 절대적으로 주가를 선도할 수는 없다.

자본력이 약하다면 정보력이라도 있어야 할 텐데 이 또한 개미에게는 한계가 있다. 돈이 될 만한 정보는 이미 거대 세력에게 넘어가 있고, 주가가 꼭지에 있을 때에야 건너 건너서 겨우 귀동냥으로 정보를 얻을 수 있기 때문이다.

주식이란 원래 상승과 하락을 반복한다. 이왕이면 한 호가라도 낮은 가격에 매수하는 게 더 좋은 것 아닌가. 저점이라는 판단으로 무조건 매수하는 것은 삼가라. 매수 버튼을 누르기 전에 코스피를 반드시 확인해야 한다. 왜냐하면 코스피는 개별 종목의 집합체기 때문이다. 물론 종합주가지수와 상관없이 오르는 종목도 있지만 이는 극히 일부고, 테마주일 뿐이다.

필자의 매매 방법을 예로 들자면, 먼저 수급이 좋은 종목을 선별한다. 그런 다음 주가가 하락 중인데도 불구하고 수급의 주체가 계속해서 매수를 하고 있는 주식에 주목한다. 매수를 하고 있다는 사실적 판단만을 가지고 선불리 매수에 가담하지는 않는다. 공격적 매수가 아닌 물량만을 받아 주는 소극적 매수에 그친다면, 주가는 상승하지 못하고 계속해서 흘러내릴 수 있기 때문이다.

모든 종목에는 세력이 존재하고, 세력이 없는 종목은 이미 죽은 종목이라 할 수 있다. 세력들도 때가 무르익기를 기다렸다가 주가를 상승시킨다는 사실을 기억하라. 손쉬운 이익을 위해 이미 급등한 종목에 들어가 손실을 키우는 어리석은 매매 방식은 버려라.

주식은 심리 게임이라 하지 않던가. 종합주가지수가 오르고 내리면 투자자들의 심리도 그에 동조하고, 종목은 코스피를 쫓아가게 된다. 그래서 매수 타이밍을 잡을 때 코스피를 체크하는 것은 종목을 고른 후 때를 기다리는 것만큼 중요하다.

혹시 해산물 전문 식당에 가서 무얼 먹을까 고민한다면 식당 주인에게 메뉴 추천을 부탁해보라. 그러면 손쉽게 제철에 맞는 싱싱한 회 한 접시를 먹을 수 있을 것이다. 가을철이라면 전어회나 전어구이가 제 맛이다. 가을 전어구이 냄새는 집나간 며느리도 돌아오게 한다고 하지 않던가.

해산물도 제철에 먹어야 제 맛이 나듯

주식도 때가 있다.

한겨울에도 전어는 잡히지만

가을 전어만큼 미각을 자극하지 못할뿐더러

사려는 사람도 거의 없다.

전어를 제대로 먹기 위해서는

가을까지 기다려야 하는 것처럼,

좋은 주식을 사려거든 때를 기다려라.

개인 투자자는 항상 열악한 환경에 놓여 있다. 그렇다면 선불리 시장에 뛰어들기보다는 자신이 조절할 수 있는 요소를 고려해야 한다. 즉 때가 올 때까지 기다려야 한다.

개인 투자자가 주식 시장에서 할 수 있는 가장 좋은 테크닉은 바로, 사야 할 때를 기다리는 것이기 때문이다.

"사람들이 너무 서두르지만 않는다면 건전한 투자로도 큰 부를 이룰 수 있다고 생각한다. 적어도 그것은 결코 당신을 가난하게 만들지는 않을 것이다."

— 벤저민 그레이엄

주식 중독자는 100% 실패한다

'월가의 영웅'이라 불리는 피터 린치가 쓴 《이기는 투자》에서 그는 "백미러로는 미래를 볼 수 없다. 과거의 사건으로 미래를 예단하지 마라."고 말한다.

우리는 운전을 하면서 혹시 있을지도 모를 사고를 피하기 위해 수시로 백미러를 본다. 백미러로는 아주 가까운 미래와 현재 진행 중인 사건에 대해서만 대응할 수 있고, 앞으로 다가올 미래에 대해서는 알 수 없다. 함께 주식 투자를 하는 사람들과 하던 우스갯소리가 있다. 내일 신문이 오늘 나에게 배달된다면 단시간에 우린 부자가 될 수 있을 텐데…….

《블랙 스완》에서 나심 니콜라스 탈레브는 칠면조 이야기를 예로 들어 과거의 사건으로 미래를 예단하지 말라고 강조하고 있다.

> 칠면조가 한 마리 있다. 이 칠면조에게 주인은 매일 먹이를 가져다준다. 주인이 먹이를 줄 때마다 '친구'인 인간이 순전히 '나를 위해서' 먹이를 가져다주는 것이 보편적 규칙이라는 칠면조의 믿음은 확고해진다.
> 그런데 추수감사절을 앞둔 어느 수요일 오후, 이 칠면조에게 예기치 않은 일이 닥친다. 칠면조는 믿음의 수정을 강요받는다. 추수감사절을 전후해 칠면조가 겪는 역사, 지금까지 일어난 일은 바로 다음 하루에 일어나는 일에 대해 아무것도 알려 주지 않는다.

이처럼 과거로부터 미래를 투시하려는 순진한 시도는 폭넓게 이루어지고 있다. 그러나 과거의 경험이 순식간에 단절되면서, 우리가 과거로부터 배운 것은 쓸모없거나 최악의 경우에는 치명적인 파국을 낳는다. 과거의 경험을 맹종하는 사람이 있다면 타이타닉호 선장 에드워드 존 스미스가 말한, 다음의 금쪽같은 지혜를 귀담아들어야 할 것이다.

"나는 이전까지 한 번도 사고라 할 만한 것을 본 적이 없었다. 바다 위를 표류하는 배라고는 단 한 척도 본 적이 없었다. 다른 배의 조난을 목격한 적도 없었을 뿐더러, 내가 재난의 주인공이 되는 사고를 겪은 적도 없었다."

주식 투자를 하면서 우리는 과거의 차트를 본다. 주식 시장에서 반복적인 패턴을 찾기 위해 많은 시간을 허비한 결과, 수많은 패턴을 발견한다. 말 그대로 통계를 근거로 한 발견이다.

《부자들의 생각법》에서 하노 벡은 다음과 같이 말하고 있다.

"동전을 100회만 던져도 반복되는 패턴이 나온다. 그런 패턴을 규칙이라고 파악하는 순간 우리는 우연이 파놓은 함정에 걸려드는 것이다."

충분한 시간만 있다면 주가 변동이 비슷하게 진행되는 차트를 수도 없이 찾을 수 있다. 기술적 분석에 대해 비판적인 시각을 갖고 있는 사람들은 이를 '멕시코 총잡이'에 비유한다.

멕시코에서 명사수가 되는 가장 쉬운 방법은 먼저 벽에 마구 총을 쏘는 것이다. 그런 다음 총알 자국 주위에 과녁을 그린다. 그러면 그 총잡이는 명사수가 된다.

수많은 주식이 특정한 패턴을 따라 움직인다고 믿는 사람은 그 반대의 경우도 따져 봐야 한다. 얼마나 많은 주식이 패턴과 다르게 움직이는가?

멕시코 총잡이처럼 총알 자국에 맞추어 과녁을 그리면서, 사악한 일부 전문가들은 현재도 변함없이 주식은 예측의 영역이라 떠든다. 하지만 신이 아닌 이상 '절대로' 예측할 수 없는 게 주식이다. 그래서 손절매 가격대를 정해서 대응해야 한다.

☆☆☆

혹시 여러분 중에 오전 9시만 되면 마음이 설레다가 오후 3시 30분, 장이 마감되면 무력감에 빠지지 않는가. 화장실을 갈 때도 핸드폰을 들고 매번 시세를 보지 않은가. 언제나 증권방송을 청취하며 하루를 마감

하지 않은가. 미국 증시, 유럽 증시가 불안해도 매일같이 매매하고 있는가. 전문가가 추천한 종목이 일시적으로 상승하면 사고 싶어 안달이 나는가.

앞에서 나열한 항목들은 모두 일반적인 주식 중독 증상이다. 한 개인투자자를 만나서 대화를 나눈 적이 있다. 아내는 공공도서관에서 매점을 운영하고, 자신은 꽃배달을 한다고 했다. 주식 투자로 가진 재산을 모두 날리고 친구에게 의탁하여 방 한 칸에 노모를 모시고 아이들과 함께 생활하고 있었다.

그래서 하루에 매매를 몇 번이나 하냐고 물었다. 그랬더니 6번에서 12번까지 한다고 했다. 매매 경험도 어느 정도 쌓였을 사람이 아직도 쉼 없는 매매를 한다는 대답에 답답한 마음을 금할 수 없었다. 아마 그 사람은 아직도 모니터 앞에서 급등주에 목을 매고 있을지도 모른다.

어디 이 투자자뿐이겠는가. 필자 또한 한때는 급등주도 패턴이 있을 거라 여겨 차트를 분석하고 거래량을 조사했었다. 매일같이 흥분에 가득차서 매매 중독에 빠진 채 독약을 들이켰다.

상승 캔들의 색깔은 빨갛다. 빨간색은 사람을 흥분시킨다. 호가창이 갑자기 빨라지면서 빨간색 캔들이 길어지면 길어질수록 매수 욕구는 더 강해진다. 자신이 사려던 종목이 갑자기 상한가 근처까지 치솟을 때면 잡기 위해 안달한다. 하지만 과감히 잡으면 다시 하락하고, 망설이다가 기회를 놓치면 상한가에 안착한다. 언제나 이 상황은 반복된다.

개미 투자자가 주식 중독에 빠져드는 이유를 아는가. 수익이 계속적으로 발생하는 경우와 손실이 계속적으로 발생하는 경우에는 중독으로 가지 않는다. 생각해보라. 수익이 난다면 심리적으로 안정감을 갖게 될 것이고, 조급함도 없다. 반면에 손실이 반복적으로 발생한다면 언젠가는 깡통이 될 것이 빤히 보이기에 스스로 주식을 포기하게 된다.

문제는 10번 잃고 1번을 따는 경우와 같은,
손실과 수익의 중간 영역에 속하는 경우다.
어쩌다 걸린 행운을 실력이라 착각하고
대박주를 잡을 수 있다는 막연한 기대심리가
투자자로 하여금 중독으로 빠져들게 한다.

단타를 조장하는 상한가 비법은 인터넷만 봐도 얼마든지 찾을 수 있다. 주식 투자 비법을 알려준다는 게시글이나, 상한가 매매 방법을 알려주는 책을 보면 글을 쓰고 있는 사람조차도 함정에 빠져 있다.

'지지한다면', '지지 라인을 훼손하지 않는다면', '상한가에 들어가면', '상한가 다음 날 상승하지 않는다면', '매수했다면' 등등 모든 글들이 가정이다. 누구인들 가정은 못하겠는가.

심지어는 상한가에 들어갔다가 상이 풀리면상한가에서 멈춰 있던 가격이 그 상한가 가격보다 아래로 형성됐을 때 그때 들어가라는 글귀도 본 적이 있다. 여러분에게 묻고 싶다. 상이 풀렸다면 강한 종목일까? 약한 종목일까?

강한 종목이라서 상한가에 들어갔는데 상이 풀렸다는 말은 매도 세력이 매수 세력을 압도했다는 의미 아닌가. 매수한 후에 운 좋게도 다시 상한가에 재안착하더라도 다음 날 시초가부터 하락할 수도 있고, 매수 시점부터 하락하여 하한가로 직행할 수도 있다.

가정에 근거한 수많은 매매 방식은 투자자로 하여금 흥분, 조급, 한탕주의, 매매 중독을 낳는다. 이제는 기존 매매 방식이 습관처럼 굳어 버려서 야금야금 까이는 계좌를 보면서도 자기 혁신은 찾아 볼 수 없다. 이래선 이 험한 주식 시장에서 살아남을 수 없다.

스스로에게 다짐해보라.

"나는 확률이 내게 유리할 때까지 기다린다."

"나는 겸손하고 유연한 매매 자세를 갖는다."

"영결 나팔소리가 울리고 있는데 다시 돌아올 것이라는 환상을 품지 마라. 이미 끝난 주식에 미련을 갖지 마라."

— 피터 린치

손절매, 주식에서 희망은 악마의 유혹이다

공지영 작가의 책 제목으로 유명한 "무소의 뿔처럼 혼자서 가라."는 말은 불교의 초기 경전인 숫타니파타에 나오는 문장이다. 이 말의 의미는 부처의 말이라도 맹목적으로 신뢰하고 따르기보다, 스스로 생각하고 자기가 확신하는 바에 의지하여 진리를 추구하라는 가르침이다.

종교에서도 이렇게 맹목적인 추종이 아닌 자기주도적 사고를 강조하고 있는데, 하물며 주식 시장에서는 당연히 자기주도적 사고가 필수적이다.

하지만 현실에서 주식쟁이는 어떤가. 필자에게 투자 방법을 묻기 위해 방문한 한 개인 투자자가 있었다. 그는 필자뿐만 아니라 다른 투자자들에게도 똑같은 질문에 대한 답을 듣고자 했다.

하지만 그 개인 투자자는 매매에 대한 기본적인 지식도 갖추어져 있지 않은 상태에서 단지 투자 방법만을 구하려 했다. 기초가 튼튼하지 않은 상황에서 너무 많은 조언은 약이 아니라 독이 된다. 바닥공사를 소홀히 한다면 아무리 고급 자재로 집을 지었다고 한들 무너지지 않고 버틸 수 있겠는가.

각자의 개성이 존재하듯 매매 방식도 개성만큼이나 달라 공통분모를 찾기가 쉽기 않은 게 현실이다. 반면에 다른 사람의 조언을 구하지 않고 혼자서 잘못된 방식으로 매매를 이어 가는 바람에 손실이 누적되는 개인 투자자도 있다.

한 사람은 다른 사람들에게 너무 많은 조언을 들어서 문제고, 다른 한 사람은 어떤 조언도 구하지 않아서 문제다.

많은 전문가들이 '이 방법은 완전하다, 100% 확실하다'고 광고하고, 개인 투자자는 이런 사람들이 던져놓은 낚싯줄의 좁쌀 같은 먹이를 의심 없이 덥석 문다. 처음에는 몇 번 성공할 수도 있다.

하지만 시간이 갈수록 개미의 자금을 야금야금 갉아 먹고 있다는 걸 깨닫는 순간, 계좌는 이미 깡통이 되어 있다. 입에 걸린 낚시 바늘이 이제는 숨통을 옥죈다.

투자자는 항상 고민해야 한다. '왜 그렇지?'를 끊임없이 반복하면서 투자의 길을 걸어야 한다. 물론 투자에 해답은 없다. 하지만 질문이 없다면 발전은 더더욱 없다. 나폴레옹은 "내 사전에 불가능은 없다."라고 했고, 빌 게이츠는 "인생이란 원래 공평하지 못하다. 그런 현실에 대하여 불평하지 말고 받아들여라."고 했다.

불가능은 없는가? 아니 있다. 그래서 손절매가 있는 것이다. 불공평한가? 그렇다. 그래서 주식 시장에서 성공한 사람들은 존경받을 만한 것이다.

노력 없이 열매만을 취하려는 게으름뱅이는 주식 시장에서 절대로 살아남을 수 없다.

☆☆☆

한 학생이 뮤지컬 티켓을 15만 원 주고 구입했다. 그런데 막상 공연을 보니 지루하고 따분해서 마음에 들지 않았다. 이때 공연 티켓 값 15만 원은 다시 찾을 수 없는 매몰비용이다.

경제학에서는 "이미 비용이 지출되고 계획이 실행된 후 회수할 수 없는 매몰비용을 고려하게 되면, 그때부터 합리적인 결정을 할 수 없다."라고 말한다.

물건이 깊은 물속에 가라앉아 버리면 다시 건질 수 없듯이 매몰비용은 과거 속으로 가라앉아 버려 현재 다시 쓸 수 없는 비용이다. 즉 매몰비용은 이미 매몰되어 버려서 다시 되돌릴 수 없는 비용이며, 잘못 투자하여 회수가 불가능한 투자 자금 등을 말한다.

한 개인 투자자의 계좌를 본 적이 있다. 총매수 금액은 3억 원이었고, 현재 손실액은 1억 4천만 원이었다. 보유하고 있는 종목 중 하나는 증권주였는데 매수가가 14,000원이었다. 그러나 당시 이 종목의 주가는

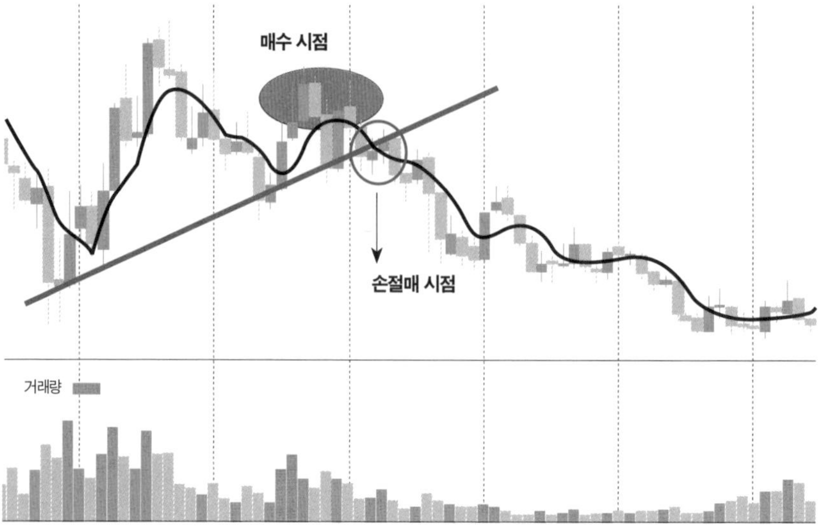

6,500원까지 하락한 상태였다.

차트를 보면 분명 손절매할 기회는 여러 번 있었다. 하지만 매수가에 대한 미련 때문에 손절매를 주저했고, 그 결과 50% 이상 손실을 보게 된 것이다. 그 개인 투자자는 계좌에 파란불이 깜빡이고 있는데도 불구하고 흘러내리는 주가에 희망이라는 두 글자만 새기고 있었던 것이다. 사람들이 손절매를 주저하는 이유는 뭘까?

바로 본전 심리 때문 아닌가. 자신이 매수한 종목이 상승했던 근거가 M&A였는데, 협상이 결렬됐다는 뉴스가 나왔다면 이제 하락이 확실하다. 그런데도 '조금만 기다리면 상승할 거야', '기회비용과 시간 가치를 감안한다면 지금 팔기에는 너무 아까워', '혹시 내가 팔고 나서 상승하면 어쩌지?'라는 생각들이 하락에 대한 의심을 희석시킨다.

주식 시장은 세상에서 벌어지는 모든 일과 가치들을 왜곡시킨다. 주식 시장에서 기대와 그로 인한 망설임은 악마의 유혹에 넘어가는 꼴이다. 혹시나 하는 상승 기대감은 절망을 만드는 원인이다.

손절매는 투자자에게 매몰비용과 같다. 주식을 매수한 비용은 투자자가 과거에 이미 지불한 비용이다. 현재 투자자가 통제할 수 없는 비용으로 투자자의 행동이 제약을 받거나 미래의 결정에 영향을 미쳐서는 안 된다.

투자를 결정할 때 매몰비용은 배제해야 하며, 매몰비용이 일단 발생하면 투자자가 가장 먼저 해야 할 일은 인정하는 것이다. 만약 매몰비용을 인정하지 못한다면 제대로 된 판단을 할 수 없게 된다. 그렇다면 손절매의 망설임을 피할 수 있는 방법은 없을까?

매매 원칙을 정립하고 수많은 실전 경험을 쌓았다고 하더라도 과감한 손절매의 결단은 쉽지 않다. 하지만 상대적으로 생각하면 조금이나마 도움은 받을 수 있다.

예컨대 어떤 주식이 있는데, 주가가 박스권 안에서 움직이는 종목으로 고점과 저점의 폭이 20% 정도라고 가정해보자. 만약 저점 부근에서 주가가 오를 것이라 여겨 매수했는데, 그때부터 저점을 이탈하여 하락했다면 손절매가 가능했겠는가. 손절매하는 습관이 몸에 배어 있지 않다면 알면서도 눈 뜨고 코가 베이는 상황이 될 것이 자명하다. 그렇다면 상대적으로 생각해보면 어떨까?

주식이 저점일 때 산 경우라면 박스권 상단에서 주식을 산 매수자들보다는 낫다고 생각하는 것이다. 손절매에 수학적 계산은 필요치 않지만, 자신보다 더 높은 가격에 사서 물려 있는 투자자들을 생각한다면 조금은 더 쉽게 손절매가 가능하지는 않을까.

손절매는 자신이 정한 원칙에 대한
오류를 인정하는 행위다.
그렇기 때문에 더 어려운 일이며,
기술적인 문제보다는
심리적인 면이 강하게 작용한다.

따라서 심리에서 지지 않을 방법은 손절매를 기계적으로 하고, 자기 합리화를 하는 것이다. 이게 어렵다면 보유 주식의 반이라도 팔아보자. 심리적으로 훨씬 편하다.

> “나는 경기든 기업이든 비관적인 분위기 일 때 투자를 더 많이 한다. 비관론을 좋아해서가 아니라 가격이 매력적이기 때문이다.”
>
> — 워런 버핏

비관론일 때 가장 가격이 매력적이다

주식 시장은 개성이 뚜렷한 사람들의 집합체다. 매일 차트를 바라보면서 하루에도 수차례 매매를 하는 스캘퍼, 매일은 아닐지라도 나름대로의 계획하에 며칠을 주기로 사고파는 스윙, 몇 달을 보유하겠다는 생각하에 매매에 참여하는 사람, 적금을 들듯이 주식을 매수하는 장기 투자자 등 수많은 사람들이 모여 돈을 쫓고 있다.

무엇이 옳고 그르다 판단할 수는 없다. 단기 투자라 해서 항상 돈을 잃지는 않으며, 장기 투자라 해서 항상 황금알을 낳는 것도 아니다.

워런 버핏이 말하고자 하는 바는 망하지 않을 기업의 주식을 사라는 것이다. 장기 투자자라고 해서 꼭 망하지 않을 기업의 주식만을 사는 것은 아니다. 현실적으로 투자 자금이 없어서 저가주에 목을 매는 사람도 많고, 인생 역전을 꿈꾸며 저가주를 매집하는 사람도 많다.

일본의 전설적인 주식 투자자인 고레가와 긴조도 장기 투자를 선호했지만 몇 번의 파산을 했고, 추세 매매의 달인이라는 제시 리버모어는 대공황 때 공매도로 전무후무한 수익률을 기록했지만 8번의 성공과 8번의 파산을 겪었다.

결론은 단기 투자를 지양하고 장기 투자를 하라는 말이 아니다. 어떤 매매든 성공을 보장하지 않는다는 말이다. 하지만 "망하지 않을 주식을 깊은 바닥에서 사서 충분한 수익을 줄 때까지 보유하라."는 말은 엄밀히 따지자면 단기 투자도, 장기 투자도 아닌 제3의 투자 방법이다.

기억해야 할 것은
첫째로 망하지 않을 기업이어야 하고,
둘째는 깊은 바닥에서 매수해야 하며,
마지막 셋째는 충분한 수익을 줄 때까지 보유해야 한다는 것이다.

좀 더 자세히 설명하기 위해 A종목을 예로 들어 설명해보겠다.

첫째, A종목은 누가 봐도 망하지 않을 기업이다.

둘째, 깊은 바닥에서 매수해야 하는데 현재 주가의 위치를 보면 고점에서 60일 이동평균선까지 하락해있다. 하지만 10년 실적을 보면 올해 매출액은 상승했음에도 불구하고, 예상 실적이 작년보다 줄었고, 미국 시장의 차량 재고는 증가해있다.

또한 원·달러 환율 급락에 따른 악영향도 상당하다. 물론 신차 출시에 따른 상승 효과가 있을 수는 있지만, 이슈는 이슈일 뿐 주가와는 큰 관계가 없다. 그 상쇄 효과는 미미할 거라는 판단이다. 이런 이유로 '매수 시점인가?'에 대해서는 의문이다.

셋째, 충분한 수익을 줄 때까지 보유해야 한다는 점에서는, 둘째가 충족되었더라도 언급했던 근거인 대내외적 요인으로 충분한 수익을 내기는 어려울 수 있다.

망하지 않을 기업을 발굴하는 것도 어렵지만, 매수한 후에 매도 욕구를 잠재우기는 더 고통스럽다. 워런 버핏이 자기통제를 잘하는 사람일까?

워런 버핏의 책상에는 컴퓨터가 없다고 한다. 다이어트를 하는 사람이 뷔페에 가지 말아야 하는 것처럼, 아예 매도의 여지를 사전에 차단하기 위한 예방책은 아닐까? 우리는 어떤가?

망하지 않을 기업에 투자를 했다고 하더라도 참지 못한다. 삼성전자와 같은 주식을 매수하더라도 수익이 조금만 나면 거의 모든 사람들이 매도한다. 그리고는 다른 부실 주식을 매수해서 원금까지 손해를 보는 결과를 얻고는 한다. 언제까지 지는 게임만을 계속할 것인가?

☆☆☆

주식 시장에서 건전한 상식과 냉철한 사고는 투자자가 지녀야 할 기본 요소다. 하지만 주식 시장에서 며칠만 뒹굴어도 인간이 본질적으로 부여받은 고귀한 이성은 온데간데없이 사라진다. 환란의 징후가 뚜렷해도 탐욕에 찌든 투자자는 돈과 함께 상식과 냉철함을 내던진다. 혹자는 말한다.

"주식 시장은 원래 이런 곳이야."

"나만 수익 나면 돼."

개인 투자자들의 종목에 대한 불안감은 매수 시점부터 시작된다. 지구가 태양을 공전한다는 사실만큼 변함없는 사실이다. 왜 그럴까? 급등하는 종목을 보면 머리보다는 손이 먼저 움직여서일까? 과연 매수 전에 기업을 분석하고, 매수 타이밍을 찾기 위해 기다리는 투자자가 존재하기는 할까?

매수 후에 조금이라도 하락하면 밤잠까지 설친다.

"A종목을 매수했는데 상승할까요?"

"B종목이 사자마자 하락하는데 손절매해야 하나요?"

"C종목의 움직임이 둔한데 매도하고 다른 종목을 사야 하나요? 아니면 보유해야 하나요?"

오늘도 변함없이 증권방송 종목 상담코너에서 반복되는 투자자들의 질문 내용이다. 돈을 벌기 위해 뛰어든 주식 투자가 이제는 발목을 잡고 있는 것이다.

먼저 적정 주가를 구해보라. 투자하기 전에 적어도 그 기업의 내재 가치는 알고 투자해야 하지 않겠는가. 현 주가가 그 기업의 내재 가치보다 높은지 낮은지를 판별한 후 투자하라.

그렇다면 적정 주가는 어떻게 구할 수 있는가. 먼저 앞에서 설명했던 빵집을 예로 들어 BPS주당순자산가치를 구하면 다음과 같다.

총자산이 1억 원이고 총부채가 3,000만 원이라면 순자산은 7,000만 원이 된다. 빵집이 발행한 총주식이 1,000주라면 BPS는 7만 원이다. 이 빵집을 처분한다면 1주당 가치는 7만 원이라는 얘기다. 그럼 이 빵집의 현재 주가가 8만 원이라면 비싼 걸까? 싼 걸까?

현재 이 빵집의 청산 가치는 총자산인 1억 원에서 총부채 3,000만 원을 뺀 7,000만 원이다. 한 달 순이익이 1,000만 원이라 했을 때 1년 순수익은 1억 2,000만 원이 된다. 1년 후에 순자산은 7,000만 원에 1억 2,000만 원을 더해주면 1억 9,000만 원으로 늘어나게 된다. BPS도 1억 9,000만 원을 1,000주로 나눠주면 19만 원이 된다. 1년 후의 주당 청산 가치는 19만 원이 되는 것이다. 19만 원은 해마다 순이익이 증가하는 회사의 미래 청산 가치고 바로 현재의 적정 주가다.

하지만 BPS만을 가지고 적정 주가를 산출하기에는 두 가지 문제점이 있다.

첫째, 미래의 청산 가치가 현재의 적정 주가지만 그 미래가 불확실하다는 문제다.

둘째, ROE자기자본이익률**다.** 따라서 그 기준을 정해야 하는데 성장성이 있느냐, 없느냐에 따라 분류하면 된다. 성장성이 별로 없는 기업은 5년 후의 미래 청산 가치를, 그리고 성장성이 높고 안정적인 매출이 나오는 기업은 7년 후의 미래 청산 가치를 산출해서 현재의 적정 주가로 정하면 된다.

급등한 종목을 보고 '그때 매수할 걸' 하면서 후회하고 있는가. 언제까지 후회만 붙들고 있을 것인가. 회사의 펀더멘털경제 기초 여건에는 아무런 변화가 없는데 주가가 적정 주가를 깨고 내려간다면 공포 속에서 희망을 꽃피울 수 있다.

일반적으로 현재가는 적정 주가 위에서 등락을 거듭한다. 외부 악재로 주가가 비상식적으로 움직인다면 시장이 여러분에게 기회를 주는 것이다. 그 순간을 잡아라. 다른 사람들이 공포에 주식을 내던질 때 공포를 사라.

종합주가지수 차트를 보면 거래소가 순자산 아래로 떨어지는 경우가 여러 번 되풀이 되었는데, 그때마다 심각한 외부 악재가 있었다. 즉 2001년 9.11테러, 2003년 카드사태, 2004년 중국 쇼크, 그리고 미국 금융위기, 유럽 위기, 최근 들어 코로나19와 같은 사건이 터질 때마다 종합주가지수가 거래소 순자산 아래로 하락했다.

건전한 상식과 냉철함만 잃지 않는다면, 이런 외부 악재에 겁먹지 않고 불안을 이겨낼 수 있는 것이다.

> "강세장은 비관 속에서 태어나 회의 속에서 자라며, 낙관 속에서 성숙해 행복 속에서 죽는다. 최고로 비관적일 때가 가장 좋은 매수 시점이고, 최고로 낙관적일 때가 가장 좋은 매도 시점이다."
>
> — 존 템플턴

잿빛 현재에서 핑크빛 미래를 사라

여기 자사 제품을 구매하지 말라고 부탁하는 파타고니아의 광고가 있다.

"우리가 만드는 모든 제품이 환경에 미치는 비용은 엄청납니다. 우리가 재킷을 하나 만들려면 135ℓ의 물이 필요합니다. 이는 45명이 하루를 버티는 데 충분한 양의 물입니다. 재킷을 원산지에서 우리의 물류창고로 운송하는 과정에서는 20파운드의 이산화탄소가 배출됩니다. 이는 최종 제품의 24배나 되는 무게입니다. 네? 사지 말아달라고요?! 60%가 재활용된 이 폴리에스테르 재킷은 높은 기준을 적용해 한 땀 한 땀 바느질하였습니다. 다른 어느 제품보다 견고한 퀄리티를 가졌다고 자부합니다. 그렇기 때문에 당신은 이 옷을 자주 새 옷으로 바꿀 필요가 전혀 없습니다. 우리 제품은 오래 입어도 새것처럼 튼튼하니까요. 만약 정말 도저히 못 입겠다 싶으면 재활용해서 다시 새 옷처럼 입을 수 있도록 우리가 도울 것입니다. 그러니, 여러분에게 꼭 필요하지 않은 이 옷을 새로 구매하지 말아주세요."

광고의 주목적은 제품 판매를 극대화하는데 있으며, 이런 목적을 달성하기 위해 타사 제품과는 다른 독보적인 기능이나 가격을 제시하고 또는 유명인의 인지도를 내세워 제품을 부각시키는 데 있다.

하지만 파타고니아는 사람들에게 옷을 사지 말라고 강조하며 기존 광고에서는 볼 수 없는 멘트를 사용한다. 그러면서 오히려 제품의 우수성을 더욱 부각시키고 있다. 파타고니아는 광고의 일반적인 형태를 뒤집는 발상의 전환, 관점의 전환으로 소비자들의 시선을 사로잡았다.

주식에서도 이러한 관점의 전환을 이용한 투자 방법론으로
역발상 투자가 거론된다.
이 방법은 뜨거운 열기가 넘치는 주식은 피하고,
현재는 차갑지만
곧 서서히 달아오를 주식을 찾으라고 말한다.

핑크빛 전망으로 시장의 주목을 받고 있는 기업은 주가가 비싸지만, 대중의 이목이 집중되지 않은 주식은 비교적 저가이므로 그런 주식을 찾아 매수해서 주가가 상승하면 매도하라는 의미다.

☆☆☆

그렇다면 역발상 투자는 저렴한 주식이면 되는가? 대중으로부터 소외받고 있는 주식, 고점 대비 많이 하락해있는 주식이면 되는가?

그건 아니다. 데이비드 드레먼은 단순히 저PER주를 사라고 권하지 않는다. 그는 군중의 과잉반응을 역이용한 투자를 권한다. 대중들은 시장이 상승하면 낙관적이고, 시장이 하락하면 비관적이다. 그래서 고PER주들이 어닝쇼크시장 예상치보다 저조한 실적가 나오면 시장수익률을 밑돌고, 저PER주들은 어닝서프라이즈시장 예상치를 훨씬 뛰어넘는 깜짝 실적가 나오면 시장수익률을 웃돈다. 데이비드 드레먼은 이런 사실만으로도 시장을 이길 수 있다고 말한다.

그럼 《역발상 투자》의 저자인 데이비드 드레먼이 제시한 역발상 투자 전략을 자세히 알아보자.

첫째, 인기주와 비인기주를 재평가하기 위해서는 오랜 기간이 필요하기에 결과적으로 비인기주의 실적이 나중에는 인기주의 실적을 추월한다. 즉 전망이 좋은 주식은 최악의 실적을 기록했지만, 전망이 나쁜 주식은 최고의 실적을 기록한다.

프랜시스 니콜슨은 1937년부터 1962년까지 25년 동안 189개 종목을 분석하여, 고PER주와 저PER주의 상대 실적을 비교 측정했다. 그 결과 저PER주는 연 16%, 고PER주는 연 3% 수익이 발생했다.

둘째, 거래비용을 줄여라. 가치 투자는 거래비용을 줄여준다는 점에서 장기적으로 시장보다 훨씬 높은 수익률을 제공한다.

셋째, 저PER주를 매수한 후에 PER이 시장 컨센서스시장 기대치**에 접근하면 그 주식을 다른 역발상 주식으로 교체하라.**

A씨가 10달러에 주식을 매입해서 목표가를 30달러로 정했을 때 주가가 30달러에 도달하면 교체 매매를 해야 한다. 30달러일 때 매도하지 못한 투자자는 40달러가 되고, 40달러에서 50달러로 주가가 상승한다고 하더라도 매도하지 못한다. 그리고 주가가 다시 하락하는 기간에도 그 주식을 보유한 채 원위치로 돌아온 주가를 바라볼 수밖에 없다.

넷째, 기업이 발전하고 성공하는 원동력이 될 다른 기업과의 차별성, 숨겨진 이면을 보라. 1993년 델컴퓨터는 주가가 폭락해서 몇 달 만에 시장 가치의 50%를 잃었다. 개인용 컴퓨터 사업을 다시 포지셔닝하고 마케팅을 재편하는 과정에서, 대규모 비용이 발생하여 이익이 하락했기 때문이다. 또한 컴퓨터 업계의 두 선도 기업 IBM과 디지털 이컵먼드DEC도 주가가 약했으며, 투자자들은 세 기업을 동일시했다.

하지만 델은 다른 두 기업과는 전혀 다른 제품을 생산하는 전혀 다른 기업으로 차별화에 성공했다. 델은 재포지셔닝에 성공을 거두어 개인용 컴퓨터 산업을 주도하는 기업이 되었다. 1993년 저점에 델을 매입했다면 1997년 말에는 59배의 수익을 올렸을 것이다.

다섯째, 우리가 선택하는 전략이 효과가 나타나려면 그에 합당한 시간이 필요하다. 따라서 시장에서 즉시 성공하리라고 기대하지 마라.

"거래량은 주가에 선행한다. 실체는 거래량이고 주가는 거래량의 그림자에 불과하다. 주가가 움직이는 두 가지 요인은 수요와 공급이며, 수요와 공급을 측정하기 위해서는 거래량을 측정하는 수밖에 없다."

— 조셉 그랜빌

주가는 속여도 거래량은 속일 수 없다

"주가는 거래량의 그림자다."

"거래량은 주가에 선행한다."

"거래량의 바닥은 주가의 바닥이다."

"거래량은 세력들의 발자취다."

"거래량의 꼭지는 주가의 꼭지다."

"거래량은 주가의 에너지다."

"주가는 속여도 거래량은 못 속인다."

거래량의 중요성을 표현한 주식 격언들이다. 거래량은 주식 시장에서 주식이 거래된 양을 뜻하며, 주가의 변동을 일으키는 신호로 주가 지수와 함께 시장의 장세를 판단하는 중요한 지표다.

또한 주식 시장의 유통 수준을 장기간에 걸쳐 정확히 파악하고자 할 때 기준이 되기도 한다.

거래량을 계산하는 방법은 예를 들어 A라는 종목을 매매할 때 매수가 100주며 매도가 100주인 경우의 거래량은 100주가 된다. 그리고 매수가 1,000주며 매도가 1,000주인 경우의 거래량은 1,000주가 된다.

버프 도르마이어는 《거래량으로 투자하라》에서 이렇게 말한다.

"주가가 시장에 대한 증거라면 거래량은 시장의 진위를 탐색하는 거짓말탐지기다. 거래량은 투자자들이 현재의 주가를 어느 정도 확신하고 있는지, 그 확신의 강도와 범위를 알려준다. 이러한 거래량의 효용은 다

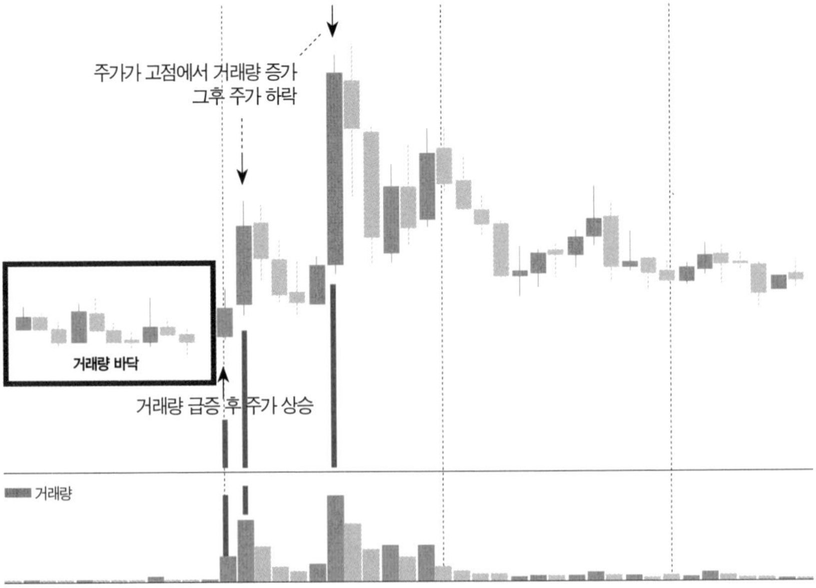

른 어떤 지표들보다 뛰어나다. 시장의 거래량을 이용한 '거짓말 탐지기 테스트'를 시행하면 추세를 더욱 빨리, 더욱 정확하게 식별할 수 있다. 따라서 추세들이 제공하는 수익을 낚아챌 수 있는 유리한 위치를 선점하게 된다."

흔히 초보 투자자들이 차트를 통해
매매 시점을 잡고자 할 때,
주가 자체의 모양인 캔들만 보고
매수나 매도할지 여부를 판단한다.
하지만 유능한 투자자들은
매수 여부를 판단할 때 거래량을
곧 현 주가의 에너지며,
매수세를 상징하는 중요한 지표로 삼는다.

만약 거래량이 늘지 않고 주가가 상승한다면 오르는 기간이 짧을 수밖에 없다. 반면에 거래량이 증가하면서 주가가 상승한다면 대시세의 시작일 수 있다.

다우이론에서 로버트 레아는 "거래량은 의견의 괴리를 나타낸다."라고 말하면서 이렇게 설명하고 있다.

"의견의 차이가 클수록 각 진영은 투자를 해서 더 큰 수익을 실현할 수 있으리라고 기대한다. 따라서 이러한 믿음들 사이의 괴리가 클수록 매수자와 매도자가 수익을 얻기 위해 자신의 판단에 따라 포지션을 취하므로 거래량은 늘어난다. 반대로 거래량이 적으면 당분간 그 가격이 '적당'하다는 데 합의가 이루어져, 수요와 공급의 균형이 이루어졌다는 뜻이다."

또한 일반적인 거래량의 기본 이론은 이렇다. 주가가 바닥일 때 거래량이 늘면서 주가가 장대양봉을 만들면 매수의 신호고, 주가가 고가일 때 거래량이 늘면서 장대음봉 캔들을 만든다면 매도의 신호다.

대부분의 투자자가 투자 시 거래량을 매매 판단 기준으로 삼고, 주가가 바닥에 있는 경우 거래량이 증가해있는 종목을 선호하는 이유는 이 때문이다.

거래량은 주가가 오르는 이유다. 생각해보라. 공장에서 생산해내는 물품이 10개인데 소비자가 20명이라면, 공급보다 수요가 많기 때문에 당연히 가격은 오르지 않겠는가. 이처럼 거래량은 주가의 힘을 반영하고, 거래량이 많은 주식은 시장에서 인기주라 할 수 있다.

하지만 거래량만을 맹신하여 주가 상승의 절대적 척도로 사용하는 우를 범해서는 안 된다. 물론 거래량이 다른 보조지표에 비해 신뢰성이 높은 것은 사실이나, 우리는 모든 가능성을 저울질하여 매매에 신중을 기해야 한다.

일률적으로 저가에서 거래량이 늘면 매수고, 고가에서 거래량이 늘면 매도라는 공식을 적용하여 매매하는 것이 정답은 아니다. 왜냐하면 저가에서 거래량이 감소할 때 매수했던 투자자는 거래량이 늘면서 주가가 오르면 수익 실현 욕구가 커지기 때문이다.

☆☆☆

주식 시장에 뛰어든 개인 투자자들이 가장 많이 접하는 것은 시장 상황이나 기업 현황 정보가 아닌 차트다. 외국인이나 기관들의 정보력을 따라갈 수 없기에 어쩔 수 없는 선택인 것이다.

박스이론으로 유명한 니콜라스 다비스 또한 개인 투자자였다. 그도 일반적인 개인 투자자들이 범했던 실수를 반복했다. 남들 얘기를 듣고, 증권 중개인이 추천해서, 루머에 휘둘려 공부 없이 직감으로 매수해서 실패했다. 실패한 다음 경제 전문지나 투자 관련 서적을 읽고 기술적 분석에 집중했지만, 여전히 손실을 만회하지는 못했다.

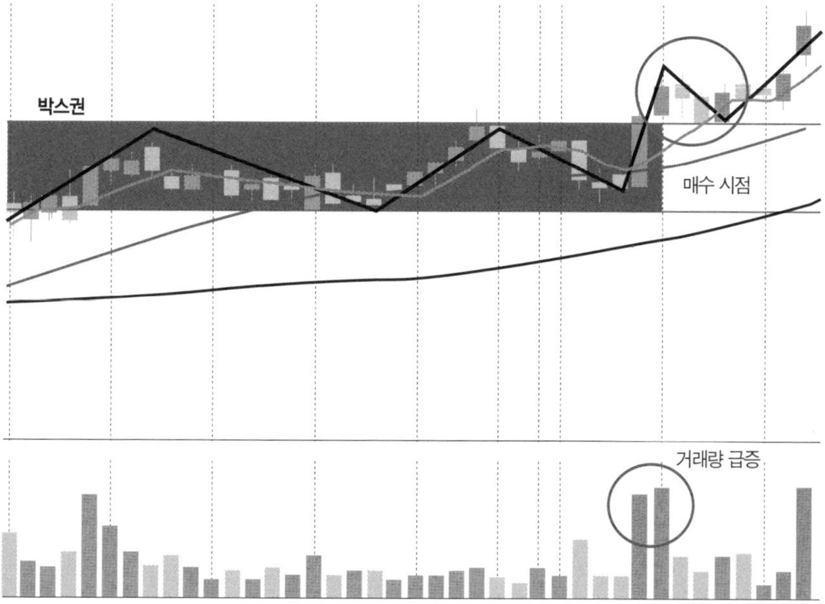

그후 재무제표, 대차대조표, 손익계산서, 현금흐름표 등을 이용하여 기본적·기술적 분석을 해도 이익으로 연결되지 않는다는 걸 깨닫고, 주가와 거래량 분석에 초점을 맞추어 시장을 알려고 노력했다.

니콜라스 다비스는 "정숙한 부인이 갑자기 테이블 위에서 춤을 추는 데는 다 이유가 있다."라고 말하면서 기본적 분석의 한계를 차트를 통해 극복하려 했다. 즉 잠을 자고 있던 주가와 거래량이 갑자기 변동 폭이 커진다면 무언가 이유가 있다고 생각한 것이다.

그렇다면 여기서 니콜라스 다비스에게 엄청난 부를 안겨준 박스이론에 대해서 알아보자.

첫째, 주가가 박스권을 형성하는 종목을 관심 종목으로 선정했다. 가령 고점이 20,000원이고 저점이 15,000원이면서 수개월간 박스권을 형성하고 있는 종목이어야 한다.

둘째, 박스권을 형성하면서도 돌파를 시도하는 종목이어야 한다. 전 고점을 돌파하는 순간 시세는 분출된다. 주가가 상승 중이라고 해서 두려워할 필요도 없을 뿐만 아니라 이익 실현 욕구도 떨쳐 내야 한다. 작은 이익에 만족하지 말고 끝까지 참고 기다려라. 수익이 다시 제로가 될 때가 손절매 시점이다. 인내하는 투자자만이 상승분을 취할 수 있다.

셋째, 박스권을 하향 돌파하는 주식은 관심 종목에서 삭제해야 한다. 고점이 20,000원이고 저점이 15,000원을 형성하던 주가가 거래량이 급증하면서 저점을 깨고 14,000원이 되었다면 하락할 개연성이 큰 종목이다. 주가가 박스권을 만들면서 횡보 중이라면 상승과 하락 여부를 탐색하는 기간이다. 그런데 주가가 하향 이탈했다면 이는 내림세로 방향성이 정해진 것이다.

넷째, 박스권을 돌파하면서 거래량 급증이 동반되어야 한다. 주가가 박스권을 만들면서 횡보했다면 고점을 돌파하기 위해서는 매물 소화 과정이 필요하다. 이는 거래량을 통해 확인할 수 있다.

이처럼 박스이론이란 주가의 파동은 일정한 가격 폭에 따라 움직이는 습성이 있고, 그 폭은 하나의 상자 모양을 형성한다는 이론이다. 이 이론은 박스권 안에서는 매수를 자제하고, 상향 돌파하면서 거래량이 급증한다면 그때 매수하라고 말한다.

고점이라는 판단하에 매수를 머뭇거리지 마라. 박스권을 돌파하는 시점의 주가가 무릎이다. 주식은 무릎에서 사라는 격언도 있지 않은가. 매수를 했다면 기다려라. 손절매 시점은 박스권을 하향 이탈하는 지점이다. 상승 추세를 타고 있는 주식을 빨리 처분하는 것은 깨를 줍기 위해 수박을 버리는 것과 같다.

> "어떤 사람이 바닷가에서 바닷물이 들어왔다 나갔다 하는 것을 지켜보고 있다. 그는 파도가 가장 깊숙이 들어오는 지점을 정확히 알고 싶었다. 그래서 파도가 들어올 때마다 바닷물이 가장 깊숙이 닿은 지점에 막대기를 세워 뒀다. 파도는 점점 더 깊숙이 들어왔고, 그럴 때마다 막대기도 육지 쪽으로 더 깊은 곳에 꼽혔다. 그리고는 마침내 파도는 다시 천천히 바다 속으로 멀어져 갔다."
>
> — 찰스 H. 다우

32

피라미딩 기법과 다우이론을 참조하라

"시세는 시세에게 물어라."는 이 말은 "아우토반을 달릴 때는 뒤를 돌아보지 마라."는 격언과 일맥상통한다.

상승 추세를 타고 있는 주식을 샀다면 시세에 순응하라.
시세의 등에 업혀 함께한다면 주식 투자가 즐거울 것이나,
시세에 역행한다면 투자자는 파멸을 초래할 것이다.
시세는 주가를 끌어올리는 상승 탄력 역할을 한다.
시장을 이기려 한다거나 예측하려는 어리석음을 범하지 말고,
시장에 순응하려고 노력하라.

'월스트리트의 곰', '추세 매매의 아버지'라고 불리는 제시 리버모어는 월스트리트 역사상 가장 위대한 개인 투자자로 '피라미딩 투자 기법'을 사용하여 막대한 부를 축적했다. 피라미딩 투자 기법은 분할 매수의 일종으로 불타기 떨어질 때 사는 것이 물타기고, 오를 때 사는 것을 불타기라고 한다의 최고봉이라 할 만하다.

'피라미딩 기법'을 살펴보면 다음과 같다.

첫째, 손절매 라인을 5%로 정하고 매수 후 손절매 라인을 이탈하면 가차없이 손절매한다.

둘째, 자신의 투자 자금을 16등분하여 매수하고자 하는 종목에 각각 $\frac{1}{16}$을 투자한다.

셋째, 만약 수익이 5%에 이르지 못하고 하락하면 수익률이 '0'이 되기 전에 매도한다.

넷째, 수익이 손절액의 두 배와 같은 10%를 넘어가면 $\frac{1}{16}$을 추가로 매수한다.

다섯째, 투자금은 두 배가 되고, 수익은 5%로 변환되어 표시되며, 전과 동일한 손실 관리를 하되, 자신이 감당 가능한 손실 영역과 추가 투자 금액을 잘 생각해 결정한다.

200,000원(최초 투자금)

+10%(20,000원)

↓

220,000원 + 200,000원(추가 투입) = 420,000원

+10%(42,000원)

↓

420,000원 + 42,000원 + 400,000원(추가 투입) = 862,000원

+10%(86,200원)

↓

862,000원 + 86,200원 + 800,000원(추가 투입) = 1,748,200원

+10%(174,820원)

↓

1,748,200원 + 174,820원 + 1,600,000원(추가 투입) = 3,523,020원

이해를 돕기 위해 320만 원을 가지고 투자를 한다고 가정해보자.

① 처음에 200,000원을 투자하여 주식을 매수한다.

② 만약 손실액이 10,000원이면, 총투자 금액의 5% 손실이므로 손절매한다. 이 금액이 한 번의 매매에서 감당해야 할 최대손실액이 된다.

③ 만약 200,000원에서 10% 수익이 나면 수익금은 20,000원이 된다. 총액은 220,000원이 되며 이때 추가로 200,000원을 투입하여 추가 매수하면 420,000원이다.

④ 만약 주가가 하락하면 수익률이 '0'이 되기 전에 손절매한다.

⑤ 총액 420,000원에서 10%가 더 오르면 수익은 42,000원이고 총액은 462,000원이 된다. 이때 추가로 400,000원을 매수하면 862,000원이 된다.

⑥ 총액 862,000원에서 10%가 더 상승하면 수익은 86,200원이고 총

액은 948,200원이다. 이때 추가로 800,000원을 매수하면 1,748,200원이다.

⑦ 마지막으로 총액 1,748,200원에서 10%가 더 상승하면 수익은 174,820원이고 총액은 1,923,020원이다. 이때 추가로 1,600,000원을 투입한다. 그럼 총액은 3,523,020원, 총투자금은 3,200,000원이다.

위의 예와 같이 이론상으로 제시 리버모어의 피라미딩 투자 기법은 손실은 총투자금의 $\frac{1}{16}$ 의 5%로 한정되고, 추세를 따라 분할 매수를 이어간다면 수익은 무한대가 되기 때문에 수익을 극대화할 수 있다.

또한 피라미딩 기법과 같이 소액부터 시작해서 매수 자금을 늘려 가는 방식을 선택한다면 시장이 불안해도 심리의 흔들림을 방지할 수 있다.

☆☆☆

다우이론Dow theory은 기술적 분석 도구 중 하나로 찰스 다우가 고안한 것이다. 1929년 미국 증권 시장 붕괴를 예언함으로써 유명해졌다. 이 이론은 주가의 움직임이 패턴 또는 주기적인 추세를 형성한다는 가설이다. 기술적 분석의 시초가 되었고, 증권 시장이 호황 국면인지 아니면 불황 국면인지를 예측하기 위한 장세 분석 방법으로 이용되었다.

다우이론에 의하면 매일의 주가 움직임을 나타내는 단기 추세는 조작이 가능하기 때문에 중요시되지 않는다. 중기 추세는 통상 3주에서 수개월간 지속되며 주추세선일봉 : 하루의 흐름을 선으로 연결한 선, 주봉 : 일주일 선, 월봉 : 한 달의 흐름을 선으로 연결한 선이 진행되는 과정에서 장기 추세를 조정하려는 주가의 반

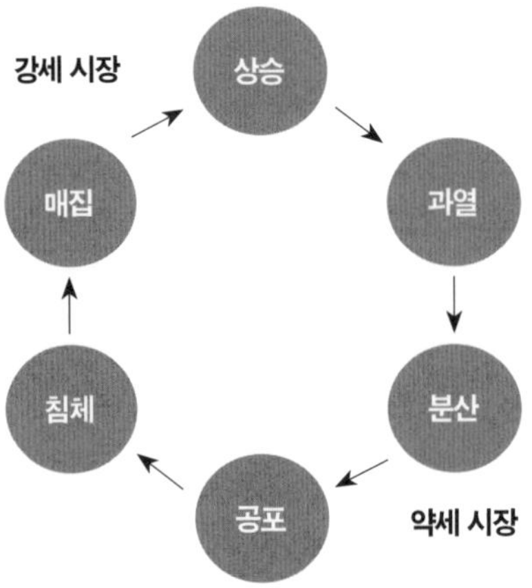

다우이론의
추세의 진행 과정과 특징

동 작용에 의해 나타난다. 장기 추세는 1~10년에 걸친 장기적 흐름을 나타내는데, 이는 장기 투자자에게 유용한 지표가 된다.

장기 추세의 진행 과정은 강세 시장 국면과 약세 시장 국면으로 나뉜다.

첫째, 매집 국면강세 1국면**은 전체 경제 및 시장 여건이 어둡다.** 하지만 전문 트레이더는 개인 투자자들의 실망 매물을 매입하는 국면으로 거래량이 점점 증가한다.

둘째, 상승 국면강세 2국면**에서는 경기 호조로 주가가 상승하면서 개인 투자자가 관심을 갖기 시작한다.** 이 국면에서는 기술적 분석가가 많은 수익을 창출할 수 있고 거래량 또한 증가한다.

셋째, 과열 국면강세 3국면**에서는 전체 경제 및 기업 수익 등의 호조로 개인 투자자들의 시장참여율이 높다.** 특히 초보 투자자들이 주식을 적극 매수하여 손실을 보는 국면이기도 하다.

넷째, 분산 국면약세 1국면**은 전문 트레이더들의 수익 실현 국면으로 점**

차적으로 거래량이 늘어난다. 이 단계에서 주가 추세선의 기울기가 완만해지고 거래량이 증가하는 현상을 보인다.

다섯째, 공포 국면약세 2국면**에서는 경기 침체로 주가가 수직으로 하락한다.** 이 국면에서는 개인 투자자들이 던지는 실망 매물을 받아 주는 주체의 부재로 거래량이 급감한다.

여섯째, 침체 국면약세 3국면**은 공포 국면에서 처분하지 못한 매물이 여전히 시장에 출회됨에 따라 투매 현상이 보인다.** 이 국면에서는 주가가 추가로 하락하지만, 시간 경과에 따라 주가의 낙폭이 작아진다.

강세 시장과 약세 시장에서 개인 투자자들과 전문 트레이더들은 상반된 매매 패턴을 보인다. 개인 투자자들은 강세 시장 1·2국면과 약세 시장 3국면에서는 두려움으로 주식 매수를 자제하지만, 전문 트레이더들은 오히려 확신을 갖고 시장에 참여한다.

반면 개인 투자자는 강세 시장 3국면과 약세 시장 1·2국면에서는 확신을 갖고 적극적으로 매매하지만, 전문 트레이더들은 두려움으로 매매를 자제한다.

이 이론의 한계점은 중기 추세는 장기 추세를 가름하는 보조적 역할에 그치기 때문에 중기 추세와 장기 추세의 명확한 구분이 어렵다는 것이다. 또한 개인의 분석 능력에 따라 다양한 해석이 가능하여 같은 현상에서 정반대의 결과가 도출되기도 한다.

"주식에서 이동평균선은 매도자와 매수자의 본전 싸움이다. 매도자의 본전은 항상 매수자의 발목을 잡는다."

— 조셉 그랜빌

주식 가격의 평균을 연결한 이동평균선을 활용하라

주식에서 이동평균선을 활용하기 시작한 것은 조셉 그랜빌이 1960년대 수학의 이동평균선을 주식에 접목시키면서부터다. 이동평균선은 주가의 평균치를 연결한 선이다. 이동평균선 가격 이상으로 거래가 되면 이익이 남는 상태며, 이동평균선 이하에서 거래가 되면 손실을 보는 상태를 의미한다.

5일 이동평균선은 5일간의 가격평균을 연결한 선이고, 10일 이동평균선은 10일간의 가격평균을 연결한 선으로 단기 이동평균선에 속한다. 20일 이동평균선은 20일간의 가격평균을 연결한 선이고, 60일 이동평균선은 60일간의 가격평균을 연결한 선으로 중기 이동평균선에 속한다.

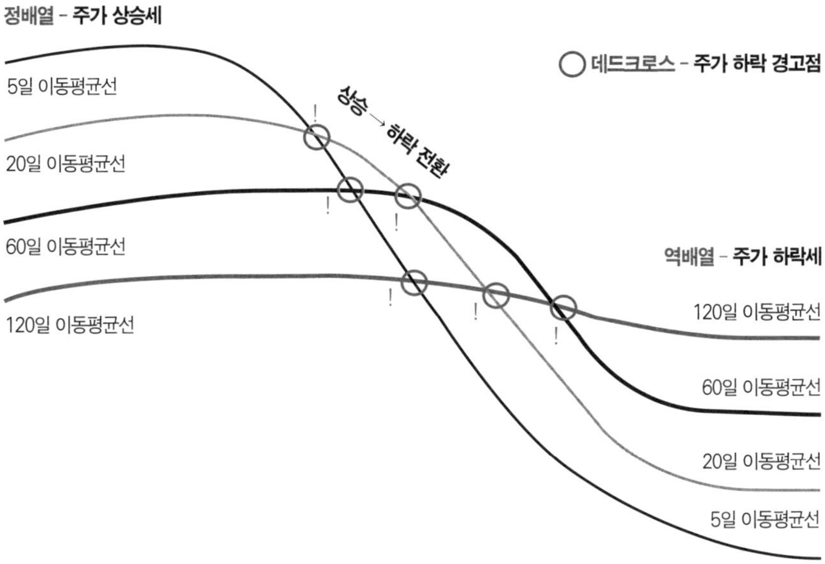

120일 이동평균선은 120일간의 가격평균을 연결한 선이고, 240일 이동평균선은 240일 간의 가격평균을 연결한 선으로 장기 이동평균선에 속한다.

5일 이평선 : (오늘의 종가 + 1일 전 종가 + …… 4일 전 종가) ÷ 5

10일 이평선 : (오늘의 종가 + 1일 전 종가 + …… 9일 전 종가) ÷ 10

20일 이평선 : (오늘의 종가 + …… 19일 전 종가) ÷ 20

60일 이평선 : (오늘의 종가 + …… 59일 전 종가) ÷ 60

120일 이평선 : (오늘의 종가 + …… 119일 전 종가) ÷ 120

240일 이평선 : (오늘의 종가 + …… 239일 전 종가) ÷ 240

일반적으로 '이동평균선의 원리'를 '반 평균의 원리'라고도 한다. 이동평균선에 대해 좀 더 자세히 알아보자.

1번부터 10번까지 열 명으로 구성된 한 학급의 반 평균이 80점이었는데, 그중 5번 학생의 점수가 20점이었다. 그런데 그 학생이 전학을 가버리고 평균 90점짜리 학생이 들어왔다면 반 평균은 어떻게 될까?

20점 맞은 학생이 빠지고 90점 맞은 학생이 들어왔으니 반 평균이 당연히 오를 것이다. 이렇게 한 명이 교체되면서 다시금 열 명으로 평균을 낸 값이 주식으로 치면 바로 10일 이동평균선이다.

이런 방식으로 한 반이 20명이면 20일 이동평균선이고, 60명이면 60일 이동평균선이 된다. 즉 5일 이동평균선은 최근 5일 동안 산 사람들의 평균값이고, 20일 이동평균선은 최근 20일 동안 산 사람들의 평균값이다. 일반적으로 상승 추세에 있는 주식은 20일 이동평균선이 하향하지 않고 상승세를 이어 가는 경우가 대부분이어서 10일 이동평균선을 설정하여 사용하기도 한다.

이동평균선은 한 가지 단점을 가지고 있다.
전체 인원 수가 500명인 학교에서는
20점짜리가 빠지고 90점짜리가 들어왔다고 해서
전체 평균에 별 영향을 주지는 못한다.
아마도 20점짜리가 50명은 빠지고
90점짜리가 50명은 들어와야 평균 점수가 높아질 것이다.

주가가 상승하더라도 장기 이동평균선일수록 후행성으로 인해 나중에야 그 평균치가 높아진다. 그래서 일봉차트에서 10일선 지지를 확인하는 것은 주가가 상승한 후에나 알 수 있다. 이러한 단점을 보완하는 방법으로 분봉차트를 보는 것이다.

☆☆☆

그렇다면 일봉차트에서 5일 이동평균선은 30분봉차트에서는 몇 분 이동평균선일까?

주식 시장은 하루에 6시간 30분 열리기에 30분봉이 총 13개 형성된다. 이로 인해 13에 5를 곱해주면 65가 되므로 65분 이동평균선이 된다. 10일선은 13에 10을 곱해주면 130분 이동평균선이 된다.

30분봉차트에서 120일 이동평균선을 지지한다는 것은 일봉차트에서 10일선을 지지한다는 것과 같다. 그래서 30분봉차트에서 5분 이동평균선이 120분 이동평균선 위에서 주가가 지지를 받는다면, 10일선을 지지한다는 의미기에 한발 앞서 그 지지 여부를 잡아낼 수 있다.

20일 이동평균선은 세력선이라고 한다. 투자자들은 20일선이 하향하지 않는 한 주식이 재상승한다는 그간의 경험으로 주식을 매수한다. 세력들이 20일선을 지켜내면 주식 보유자들은 매도를 멈추게 되고 신규 매수자들도 매수에 가담함으로써 주가는 재상승하게 된다.

다만 세력들이 전 물량을 처분하지 못한 경우 주가가 20일선에 이르면 재상승하는 것처럼 보이게 해서, 개미 투자자들이 달려들었을 때 남

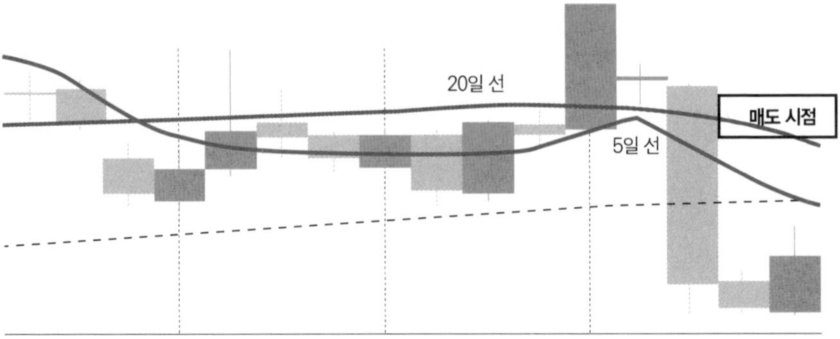

은 물량마저 털고 나오는 경우도 있다. 그래서 주가가 20일 이동평균선에서 큰 장대양봉이 나왔음에도 다시 20일 이동평균선을 깨고 내려가면 전량 매도로 대응해야 한다.

60일 이동평균선은 수급선으로 여기서의 수급은 수요와 공급을 말한다. 60일 이동평균선이 상향이면 시장의 수급 상황이 좋다는 의미고, 그 반대면 수급이 악화됐다는 의미다. 60일 이동평균선은 중소형주보다는 중대형 우량주에 투자할 때나 시장의 향후 추이 등을 살필 때 유용한 선이다.

120일 이동평균선은 경기선이라고 한다. 말 그대로 120일선은 국내 경기와 밀접한 연관이 있다. 120일선이 상향인지 하향인지를 보고 국내 경기를 예측할 수 있다.

240일 이동평균선은 '급등주의 고향'이라고 한다. 상승하던 종목이 하락하면 240일선에서는 하락을 멈춘다는 의미다. 이런 240일선의 속성을 이용하여 단기 매매를 하는 투자자도 있다.

그럼 20일 이동평균선보다 장기인 60일, 120일, 240일선 등이 주가 위에 있다면 어떨까?

장기 이동평균선이 주가 위에 있다는 것은 과거에 주식을 매수하였으나 주가가 하락했다는 의미다. 손절하지 못하고 보유하고 있는 투자자가 많다는 의미로 그 저항은 더욱더 심하다. 이는 주식을 보유한 사람들의 본전 심리가 반영된 결과다. 손실을 보고 있다가 주가가 상승하여 본전에 이르면 누구라도 매도하려 하지 않겠는가.

반대로 주가가 장기 이동평균선 위에 있다면 상승력이 좋다. 주식을 매수한 후 주가가 상승하여 많은 투자자가 이익을 보고 있다면 그만큼 매도자는 줄어들기 때문이다. 이렇게 주가가 상승하면 이동평균선들은 다시 헤어지게 된다. 즉 5일선이 먼저 올라가고 난 다음 10, 20, 60, 120일 등 이동평균선들의 확산이 시작된다.

“나에게 즐거움을 주는 단 한 가지가 무엇인지 아는가? 그것은 배당금을 받는 일이라네.”

— 존 록펠러

34

배당은 기대수익에 대한 예언이다

워런 버핏의 위대한 스승인 벤저민 그레이엄은 “배당은 최소한 성장의 두 배 이상 가치가 있다.”라고 말했다. 또한 뱅가드 그룹의 설립자인 존 보글은 배당금 재투자에 대해 이렇게 강조했다.

“1926년 S&P500지수에 10,000달러를 투자하고, 2007년 9월 말까지 배당금을 재투자했다면, 약 33,100,000달러복리 10.4%로 증가해있었을 것이다. 그리고 배당금을 재투자하지 않은 경우, 투자 결과는 1,200,000달러복리 6.1%에 불과했을 것이다. 3천 2백만 달러는 어마어마한 차이다. 지난 81년 동안 배당금 재투자는 S&P500 기업에서 얻은 장기수익률 중 약 95%를 차지한다.”

이처럼 배당주는

단기적으로는 보통주의 투자로 인한

위험에서 벗어날 수 있고,

장기적으로는 배당금을 재투자한다면

엄청난 수익을 보장받을 수 있는

주식 시장의 꽃이다.

또한 이글에셋매니지먼트는 2010년 4월 백서에서 "배당금 지급 주식은 역사적으로 많은 투자자들에게 중요한 요인인 인플레와 보조를 맞출 정도의 소득을 가져다주었다."라고 밝히고 있다. 게다가 배당주는 인플레 대비책 역할도 한다.

보통 기업 연말 결산에 지급되는 배당을 받기 위해 배당주 투자는 12월에 많이 한다. 하지만 3월 결산, 6월 결산 등 결산일이 회사마다 다르므로 해당 주식의 결산일 전에 주식을 보유해야 한다.

혹시 재테크를 위해 주식을 매매했지만 시시때때로 현재가 확인을 해야만 불안감이 사라지는가. 작은 뉴스 하나에도 주가 하락을 염려하고, 매매 행위 그 자체에 몰입되어 직장생활이 어려운가. 아니면 주식을 사고파는 행위가 어려운가. 심리적 요인에 의해 장기 투자를 빈번히 실패하지는 않았는가. 만일 그렇다면 배당주에 투자하라.

배당은 기업이 이익을 만들어 회사 안에 누적해온 이익잉여금의 일부를 회사 주식을 소유하고 있는 사람들에게 분배하는 것을 말하며, 배당금이 비용은 아니다. 보통 현금으로 지급되지만 주식이나 어음으로 지급되는 등 여러 가지 형태가 있고, 결산일에 주식을 보유하고 있다면 배당금을 지급받을 수 있다.

배당은 일 년에 한 번 하는 기업도 있고, 분기별로 하는 기업도 있다. 이는 기업의 공시자료를 참조하면 알 수 있는 내용이다. 보통 우리나라 기업은 일 년에 한 번 했으나, 요즘은 분기별로 배당을 하는 기업이 늘고 있다.

최근 침체를 벗어나지 못하고 있는 내수 시장 활성화를 위한 방안으로 기업 사내유보금에 대한 과세가 논의되고 있다. 기업 사내유보금에 대해 과세를 함으로써 사내유보금을 사용하게 하여, 투자와 배당을 늘리고 그 효과로 시장을 활성화하려는 것이다.

☆☆☆

요즘 수익형 부동산의 수익률은 얼마나 될까?

투자의 고수들이 이야기하는 고수익은 논외로 하자. 수익형 부동산의 수익률은 6% 정도만 나와도 훌륭하다. 여기에 세금과 집수리 등 각종 부대비용을 제하면 수익률은 더 적어진다. 물론 은행대출을 이용하면 수익률을 높일 수 있지만, 최근까지 발표된 부동산 대책 이후 주택담보대출은 더욱 어려워졌다.

이런 분위기 속에서 대안으로 떠오른 것이 바로 배당주 투자다. 배당을 많이 하는 종목들을 보면, 5% 전후의 고배당을 주는 좋은 종목들도 있다.

배당주란 무엇일까? 배당주란 간단히 말해 배당을 주는 주식이다. 그렇다면 배당이란 무엇인가?

주식회사가 한 해 동안 벌어들인 이익을 주주들에게 나눠주는 것이다. 만일 회사가 매년 꾸준히 실적이 좋다면 수익형 부동산처럼 꾸준히 배당금 수익을 챙길 수 있을 것이다. 회사가 주는 배당은 현금배당과 주식배당이 있지만, 여기에서는 현금배당을 중심으로 다루겠다.

배당주에 투자하려면 먼저 배당수익률이 정리되어 있는 정보가 필요하다. 이런 정보는 배당주 투자를 위해 반드시 필요한 것이다. 하지만 배당주를 어떻게 찾는지도 몰라 헤매는 경우가 많다. 생전 들어가 보지도 않은 증권사의 기업 분석 자료를 찾아보거나, 기업의 공시를 하나하나 찾아보기란 정말 번거로운 일이다.

그래서 배당주에 대해 이야기하고 있는 블로그나 카페 자료들을 찾아보기도 한다. 그러나 언제까지 남이 정리해둔 과거의 자료만을 참고할 수만은 없다. 이럴 땐 네이버를 활용해보자.

종목명	현재가	기준월	배당금	수익률 (%)	배당성향 (%)	ROE (%)
신영증권우	52,700	19.03	2,800	5.31	33.35	6.53
신영증권	53,900	19.03	2,750	5.10	33.35	6.53
인터엠	2,390	19.09	100	4.18	-27.71	-10.69
기신정기	3,830	19.03	150	3.92	29.08	6.58
신한알파리츠	7,620	19.09	277	3.63	546.64	1.07

금융홈 > 국내증시 > 배당

| 배당

전체 코스피 코스닥

종목명	현재가	기준월	배당금	수익률(%)	배당성향(%)	ROE(%)	PER(배)	PBR(배)	과거 3년 배당금		
									1년전	2년전	3년전
베트남개발1	531	17.02	100	18.87	-	-	-	-	0	0	0
한국ANKOR…	1,920	16.12	295	15.36	-	-	-	-	220	355	325
하나니켈1호	1,330	17.02	195	14.66	-	-	-	-	320	22	0
하나니켈2호	1,820	17.02	225	12.36	-	-	-	-	360	75	0
에이리츠	5,270	16.12	619	11.75	49.93	17.59	4.70	0.81	952	0	0
이라이콤	9,200	16.12	770	8.37	326.38	1.25	40.32	0.51	700	500	200
천일고속	96,400	16.12	8,000	8.30	456.81	5.68	51.81	3.33	6,000	0	0
이에스브이	1,210	15.12	100	8.26	13.05	32.33	14.13	3.41	0	0	0
삼양옵틱스	16,650	16.12	1,200	7.21	75.16	51.79	-	0.00	11,905	969	0
네오티스	4,995	16.12	350	7.01	-232.61	-2.77	-34.93	0.98	350	350	350
두산우	75,000	16.12	5,150	6.87	51.09	7.91	14.22	0.86	4,600	4,050	3,550
두산2우B	74,700	16.12	5,100	6.83	51.09	7.91	14.22	0.86	4,550	4,000	3,500
성보화학	6,550	16.12	440	6.72	11.74	59.98	1.51	0.71	220	200	150
S-Oil우	95,300	16.12	6,225	6.53	59.89	20.46	8.19	1.54	2,425	175	1,355

먼저 그림처럼 네이버 증권에서 제공하는 종목별 배당 정보를 활용할 수 있다. 여기에서 현재가나 배당금, 또는 수익률 등의 글자를 클릭해보면, 그림과 같이 내림차 순서나 오름차 순서로 정렬할 수 있으니 편리하다. 그리고 네이버 검색창에서 '배당주'를 검색해봐도 같은 정보를 쉽게 찾을 수 있다.

그런데 무조건 배당 수익률 상위의 종목만을 바라보기에는 재무적으로 부실하거나 장기 투자에 위험한 종목들도 있다. 따라서 다양한 분석을 통해 좋은 종목을 선택해야 한다.

배당수익률이 좋다고 무조건 좋은 주식은 아니다. 배당수익률 이상으로 가격이 하락하면 오히려 큰 손해가 날 수도 있다. 그러므로 배당수익률을 참고하되, 종목에 대한 분석이 우선되어야 한다. 꾸준히 주가도 오르면서 배당도 받는 주식이라면, 더할 나위 없다.

배당주 투자에 있어서 또 다른 주의 사항이 있다. 네이버 증권에서 알려주는 배당수익률은 과거의 자료일 뿐이라는 것이다. 과거의 배당수익률대로 다음번에도 똑같이 주는 것은 아니다. 회사의 경영 사정이 갑자기 어려워져서 배당을 줄일 수도 있으니, 기업 분석의 중요성이 다시 한번 강조된다. 그러므로 배당주에 투자했다고 해서 무조건 장기 투자로만 생각하기보다는 투자 종목의 업황이나 실적 등을 추적하며 관리하는 것이 필요하다.

꾸준히 배당을 줄 수 있는 주식은 우량주인 경우가 많다. 그리고 주가가 크게 내리지 않을 만한 회사를 찾는 방법은 주가의 흐름을 분석해야 한다. 따라서 배당주를 통해 꾸준히 수익을 거두기 위해서는 먼저 우량주를 찾아야 하고, 매수 타이밍은 주가가 심리적 저점구간일 때를 노려야 한다.

이런 종목들을 결산 전에 사서 배당을 받은 후에 파는 것이 통계상 가장 높은 수익률을 주며, 또한 배당수익률이 높은 회사가 투자 매력도 높다.

다만 배당주라고 다 똑같은 배당주는 아니다. 실적이 좋을 때는 폭탄 배당을 하고 실적이 나빠지면 배당금을 줄이거나 주지 않는다면, 배당주를 매수한 이유가 사라진다. 무엇보다 주가마저 하락한다면 손실의 위험성도 있다. 따라서 기대했던 배당금을 꾸준하게 챙길 수 있는지가 가장 중요한 관건이다.

“테마는 보너스다. 미리 챙겨 선점하되 쫓아가지는 마라.”

_ 주식 격언

테마주는 별사탕이다

세상에 공짜 점심은 없다. 미국 서부의 한 술집에서 일정 금액 이상의 술을 팔아주는 손님에게는 공짜로 점심을 대접한다고 내걸자, 처음에는 많은 사람들이 몰려들었다. 그러나 시간이 지나자 술값에 점심값이 포함되어 있다는 사실을 모두가 알게 되었다. 여기서 공짜 점심은 없다는 말이 생겨났다.

경제학에는 질량 보존의 법칙이 적용된다. 세상에 공짜란 없다. 남의 것을 얻기 위해서는 반드시 대가를 치러야 한다는 의미다. 기업들이 돈을 버는 것도 위험을 감수한 것에 대한 대가다. 주식 시장에서 큰돈을 벌기는 쉽지 않다. 큰돈을 벌기 위해서는 반드시 큰 위험을 각오해야 한다.

주식으로 큰돈을 벌기 위해서는 주식 가격이 대대적으로 폭락했을 때 구입해서, 크게 올랐을 때 팔아야 한다. 그러나 주식이 폭락했을 때 주식을 구입한다는 것은 자칫 휴지조각이 될 수 있는 위험을 감수해야 한다는 의미다.

그래서 '노 리스크 노 리턴No risk No return'의 법칙이 생겨났다. 위험 없이는 이익도 없다는 말이다.

군대에서 빼놓을 수 없는 먹을거리 중 하나가 건빵이다. 건빵을 계속 먹다보면 텁텁함이 입 안에 남는다. 이때 별사탕 하나를 입 안에 넣으면 사탕의 단맛이 건빵의 텁텁함을 부드럽게 해준다. 하지만 별사탕은 건빵에 비해 개수가 터무니없이 적다. 건빵을 열심히 주워 먹다보면 드물게 손에 잡히는 행운이다.

주식 시장에도 별사탕처럼 투자자에게 가끔 단맛을 선사하는 보너스 같은 존재가 있다. 바로 테마주다. 테마주란 특정 기간에 성장하는 산업 또는 주식 시장에 새로운 사건이나 현상이 발생할 경우 투자자들의 관심이 집중되는 경향이 있는데, 이런 특정 재료에 따라 주가가 움직이는 종목군을 말한다.

예컨대 계절의 여왕 봄과 함께 오는 황사와 연관된 종목이나 무더운 여름에 많이 소비되는 맥주, 가전, 전력 등과 관련된 종목이 대표적이다. 가을에는 실적 관련주와 배당 관련주를 들 수 있고, 겨울의 경우 대설 관련주가 테마다.

시장이 하락과 상승을 반복하듯 테마주는 그 시대의 산업, 사회적 이슈 및 경제 상황과 어우러져 반복적으로 나타났다가 사라진다. 일부 투자자들은 테마주를 미리 선점하여 많은 수익을 거두기도 하지만, 대부분의 투자자들은 테마주의 신기루에 속아 헛물만 켜는 경우가 허다하다.

보너스는 일 년에 한 번 지급되는 것으로 매월 받는 월급이 아니다. 보너스를 월급으로 착각하여 매매를 이어 간다면, 자신 스스로를 주식 시장에 매장시키는 행동이 될 것이다.

한때 시장에서 바이오주가 테마주로 형성되어 급등했던 적이 있었다. 이 시기에 바이오주를 매매했던 한 개인 투자자의 투자 패턴을 타산지석으로 삼고자 한다. 이 개인 투자자는 바이오주가 전 고점주가가 상승하면서 일정한 가격대까지 올랐다가 밀렸을 때 저항선이 될 수 있는 부분, 시기는 개인마다 다르다을 돌파한 후 주가가 조정할 때 자기자본 5,000만 원을 투자하여 주식 매수를 시작했다. 과거의 월봉차트를 보면 매수 타이밍은 참으로 잘 잡았다.

문제는 그다음부터 시작된다. 뉴스에서는 매일 바이오주가 실적이 좋

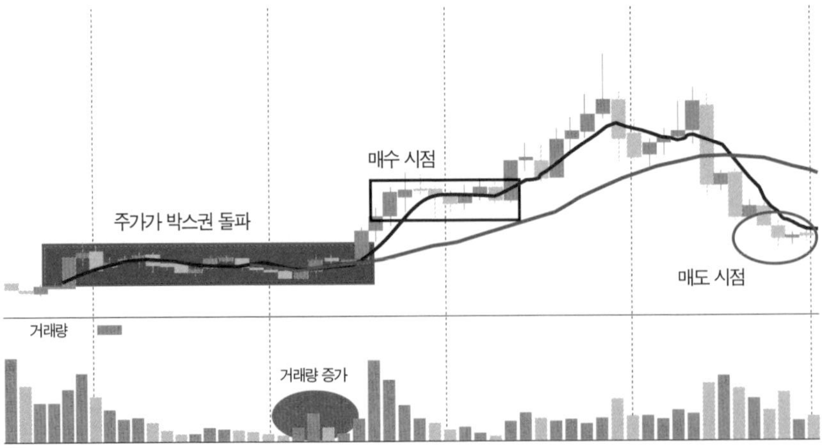

아진다는 뉴스로 도배를 했고, 각 증권사 애널리스트들은 앞다투어 목표 주가를 상향 조정했다. 주가는 가파른 각도를 만들면서 급등은 계속되었다. 그러자 이 개인 투자자는 최초 투자금인 5,000만 원에 만족하지 못하고 은행에서 3,000만 원을 대출받아 추가 매수를 했다. 주가는 여전히 상승을 이어 갔고, 아침에 눈만 뜨면 계좌 금액이 늘어나 있으니 구름 위를 걷는 기분이었다고 한다.

귀신에 홀린 듯 이제는 주식 담보대출을 받아 주식을 매수했고, 주가가 상승하면 다시 주식 담보대출을 받아 반복적으로 동일 종목을 매수했다. 주가는 그후로도 상승하여 이제는 50% 이상의 수익을 내고 있었고, 주가의 상승 초기부터 상승률을 계산해보면 120%에 육박한 수치였다. 주변 사람들이 이제는 수익 실현을 권해도 증권사의 목표 주가와 실적 예상치를 근거로 해서 오히려 다른 사람에게도 매수를 부추겼다.

도스토옙스키의 소설 《노름꾼》의 한 대목을 보면 이런 내용이 나온다.

"나는 이상한 고집으로 레드red에 돈을 걸었다. …… 난 극단적인 모험을 해 구경꾼들을 놀라게 하고 싶었다. …… 주위 사람들은 미친 짓이라고 소리쳤다. 이미 14번이나 레드가 나온 다음이란 말이야!"

이 소설에서처럼 연속적으로 14번이나 레드가 나올 수도 있다. 왜냐하면 룰렛 구슬이 블랙이나 레드에 멈출 확률은 50대 50으로 같기 때문이다. 룰렛은 순전히 운에 좌우되는 게임이고 시간의 제약도 존재한다.

하지만 주식은 운에 맡겨진 게임이 아니고, 매수와 매도에 시간적 제약도 없으며, 룰렛에 적용되는 것과 같은 공통된 룰이 아닌 자신만의 룰에 따라 매매할 수 있다.

룰렛과 주식은 다르다.
하지만 이 개인 투자자는 주식을 하면서
룰렛처럼 베팅의 액수를 늘려 가며
극도로 위험한 도박을 했다.
주식은 도박이 아니며,
주식의 처음도 리스크 관리고
주식의 마지막도 리스크 관리다.

테마주에 올인한다면 도박판에서 베팅 금액을 올려가면서 주사위를 던지는 것과 다를 게 무엇인가?

위에서 언급했던 개인 투자자는 한 종목에 빚까지 동원해서 매수를 했지만 나중에는 주가의 하락으로 초기 자금에서 2,000만 원의 손실을 입고 매도를 했다. 매수 후 주가가 상승만 한다면 얼마나 좋겠는가?

하지만 주식은 우리 마음 같지 않게 하락이 훨씬 더 많다. 테마주는 건빵에 들어 있는 별사탕처럼 가끔 찾아오는 행운이다.

☆☆☆

테마주 투자는 테마와 업종을 분석하는 데서 시작한다. 업종과 테마는 얼핏 비슷해 보이지만 전혀 다른 의미다. 이를테면 패션 테마와 의류 업종은 유사할 수 있다. 하지만 여행 테마에는 강원랜드, 대한항공, 하나투어, 호텔신라 등 전혀 다른 업종들이 하나의 테마로 묶일 수도

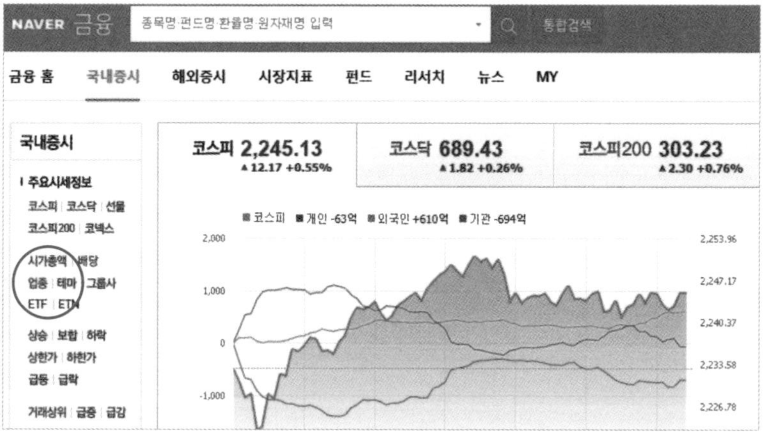

금융홈 > 국내증시 > 테마별 시세

| 테마별 시세

테마명	전일대비	최근3일 등락률(평균)	전일대비 등락현황			주도주	
			상승	보합	하락		
바이오시밀러	+2.38%	-1.07%	6	0	1	▲ 셀트리온	▲ 한올바이오..
국내상장 중국기업	+1.90%	-0.83%	10	4	2	▲ 씨케이에이..	▲ 헝셩그룹
원자력발전	+1.63%	-0.51%	9	1	1	▲ 비에이치아..	▲ 보성파워텍
PCB생산	+1.59%	-0.38%	11	1	2	▲ 비에이치	▲ 코리아써키..
게임	+1.33%	-0.14%	18	1	6	▲ 옴니텔	▲ 와이제이엠..
플렉서블 디스플레이	+1.20%	-0.93%	10	1	0	▲ 일진디스플	▲ DMS
태양광	+1.04%	-0.55%	10	2	3	▲ 에스에너지	▲ 에스엔유
사료	+0.96%	-0.53%	4	0	3	▲ 고려산업	▲ 케이씨피드
스마트폰 부품주	+0.84%	-0.18%	17	1	2	▲ 와이제이엠..	▲ 유아이디
방위산업	+0.82%	-0.78%	6	0	4	▲ 한국항공우..	▲ 한화테크윈

있다. 따라서 업종과 테마는 엄연히 다른 의미지만, 하나의 주제와 관련된 종목들을 쉽게 정리해주는 측면이 있다. 그렇기 때문에 지금부터는 그냥 간단히 '테마'라고만 언급하겠다.

이런 분석을 위해 네이버 증권에서 국내 증시로 들어가보자. 그다음

좌측의 링크들을 보면 '업종'과 '테마'를 찾을 수 있다.

여기에서 '테마'를 클릭해 들어가보면 테마별 시세를 보여준다. 이곳의 테마별 시세는 매일매일 순서와 주도주가 바뀐다. 이는 전일 대비 상승 폭이 큰 테마부터 상위로 보여주기 때문이다.

만일 여러분이 국가 정책이나 예상되는 사건에 대한 테마주를 찾기 원한다면, 이런 방식으로 손쉽게 검색이 가능하다. 하지만 네이버 증권에서는 단순히 테마에 해당되는 종목들을 나열해주기만 한다. 테마와 관련된 수많은 종목들 중에서 어떤 종목에 투자를 해야 할지는 한 번 더 분석해야 한다.

동일한 테마에 엮였음에도 불구하고 어떤 종목은 크게 상승하는 반면, 어떤 종목은 소외되기도 하기 때문이다. 그렇다면 이런 테마주들 중에서 옥석을 가리는 방법은 무엇일까?

테마주 투자에서 가장 흔히 사용되는 방법은 '주도주'에 대한 투자다. 주도주란 주가를 이끌어가고, 주가의 변동을 주도하는 주식이다. 네이버 증권에서는 각 테마별로 친절하게 주도주도 알려주고 있다.

그러나 사실 네이버 증권에서 표시된 주도주는 그날 가장 많이 오른 상위종목을 알려주는 것일 뿐이다. 조금 더 장기적으로 본다면 주도주가 바뀔 수도 있다. 따라서 주도주를 살펴볼 때에는 네이버 증권에서 알려주는 주도주 2종목뿐만 아니라, 그날의 상승 종목들까지 검색 폭을 확대할 필요가 있다.

이렇게 주도주를 선정했다면, 이제는 기본적 분석의 차례다. 테마에 엮인 여러 종목들 중에서 최근 상승 폭이 컸던 주식을 위주로 살펴보자.

그러다보면 의외로 적자를 내고 있는 종목들도 상당수 있다는 사실에 놀랄 때가 많다. 적자 기업의 주식이 단순히 테마와 뉴스에 엮여서 단기간 상승했다면, 이것은 거의 작전주일 확률이 높다.

주식을 투기가 아닌 투자의 개념으로 접근한다면 당연히 돈을 잘 버는 회사의 주식을 사는 것이 상식이다. 따라서 비록 단기간에 상승률은 조금 낮더라도 돈을 잘 버는 기업, 그리고 우량한 기업으로 종목의 범위를 좁혀보자. 이런 방식으로 투자 대상 종목을 좁혀 나가다보면 어떤 경우에는 종목이 하나도 남지 않는 경우도 생긴다. 그럴 때에는 해당 테마는 잊어버리면 된다. 앞으로도 안정적으로 수익을 낼 수 있는 기회는 많다.

여기까지 투자 대상 종목을 추리다보면 좋아 보이는 종목이 몇 개로 압축될 것이다. 그렇다면 기술적 분석을 통해 적절한 매매 타이밍에 따라 매매하면 된다. 물론 매수하려는 시점의 주가는 심리적 저점구간에 있어야 한다.

만일 심리적 저점구간에 있는 종목의 주가 흐름이 상승 추세고, 앞으로도 지속적인 상승이 기대된다면 지금 바로 매수해도 된다. 하지만 하락 추세에 있는 종목이 테마에 엮여 잠깐 반등하거나, 단기간 이미 너무 큰 급등을 한 경우라면, 다음 매수 타이밍을 노려야 할 것이다.

"통계를 너무 신뢰하지 마라. 통계가 상식적이지 않을 때에는 통계보다 감각에 의존하는 편이 더 현명하다."

— 존 메이너드 케인스

36

준거점은 직관보다는 논리적인 자료를 바탕으로 설정하라

주식 투자 방법 중에는 통계를 활용한 다양한 주식 투자가 존재한다. HTS를 켜고 제일 먼저 보는 게 차트다. 현재가는 얼마고, 이동평균선은 골드인지 데드인지, 거래량은 늘었는지 감소했는지, 캔들의 모양은 어떤지 등 차트를 보고 투자한다면 이 또한 통계를 활용한 투자다.

하지만 통계에도 함정이 있다. 예컨대 전쟁터의 사망률과 도시의 사망률 중 어떤 곳의 사망률이 더 높을까?

조사에 따르면 도시의 사망률이 더 높다는 통계가 도출되었다. 그러면 전쟁터보다 도시가 더 위험한 곳인가?

그건 아니다. 단지 통계의 함정에 빠져서 연령이라는 변수를 간과했기 때문이다. 즉 전쟁터는 젊은 사람들이 주를 이루지만, 도시에는 아이부터 노인까지 다양한 연령의 사람들이 생활하는 곳이므로 노약자의 높은 사망률이 전체 사망률을 높인 것이다.

그럼 주식 투자는 어떨까? 통계가 상식에 반할 때에도 통계를 따르는 매매 방법에 의지해 투자해야 하는가?

존 메이너드 케인스는 투자에 있어 통계가 정답은 아니며, 때로는 감각에 의존한 매매를 하라고 권하고 있다. 통계는 투자 도구일 뿐 그 이상의 의미를 가지지는 않는다. 통계라는 투자 도구를 잘 이용하면 투자 시 많은 도움이 되지만, 통계를 너무 신뢰한 나머지 다른 요소를 등한시한다면 이 역시 문제가 될 수 있다.

이런 통계의 오류를 범하는 대표적인 곳이 주식 방송이다. 방송 내용을 떠올려보라. 한 전문가가 차트를 보여주면서 "이런 모양을 형성하고 있는 차트는 매집이 되어 있고, 급등할 준비가 된 차트다."라고 주장한다. 그러면서 비슷한 차트를 여러 개 보여주고, 투자자들에게 이런 차트를 찾으라고 강조한다.

투자자는 나열된 차트에 현혹되어 대단한 방법을 알 수 있을 거라는 기대에 부풀어, 해당 전문가 카페에 가입까지 한다. 하지만 이런 노력으로 주식 투자를 위한 해답을 얻었는가?

주식의 대가, 투자 전문가, 애널리스트라고 해도 투자자 자신의 상황에 맞는 투자 방법을 자신보다 더 확실하게 알지는 못한다.

통계가 비상식적이라면 자신의 직관을 믿어보라. 직관은 통계를 보완하여, 투자 시 더 나은 의사결정을 하게 도와줄 수 있다. 직관은 일순간의 번뜩이는 생각처럼 보이지만, 직관은 풍부한 경험에서 나오는 제7의 감각이다.

데이비드 G. 마이어스는 《직관의 두 얼굴》에서 이렇게 이야기한다.

"직관이란 직접적으로 지식을 얻는 능력, 즉 관찰하거나 생각해보지도 않고 즉각 알아채는 능력을 뜻한다. 이러한 직관을 이용해 사람들은 상대방의 거짓말을 놀랍도록 정확하게 파악하고, 야구 경기의 타자는 사고의 속도로는 도저히 계산할 수 없는 공의 궤적을 순간적으로 추적해 홈런을 때린다. 베테랑 수사관들은 경험에서 우러나는 직관의 힘을 통해 미궁에 빠진 사건을 단숨에 해결하는 저력을 보이며, 특히 여성은 남자의 본심을 무섭도록 빠르게 읽어내기도 한다."

☆☆☆

현실적으로 주가는 회사의 내재 가치에 성장 가치를 더하여 이루어진다. 내재 가치는 현재 그 회사가 이익을 통해 회사의 가치를 높이는 부분이며, 성장 가치는 향후 그 회사가 이익을 낼 수 있는지에 대한 가능성 평가다.

내재 가치는 객관적인 자료 및 통계를 토대로 어느 정도 파악할 수 있지만, 성장 가치는 미래 가치이기에 주관과 직관이 중요한 요소로 작용한다. 즉 내재 가치는 어느 정도 확정된 개념이지만, 성장 가치는 평가에 따라 주가가 달리 결정되며 시세 차익이 생기느냐, 손실이 발생하느냐가 판가름난다.

준거점은 어떤 활동을 하기에 앞서 본보기로 삼을 만한 자리, 또는 그와 같은 지점을 의미한다. 이것은 절대적인 기준이 아니며 주관적인 판단에 따라 유동적으로 변할 수 있다.

주식 투자 시에도 마찬가지다. 예컨대 투자자가 주식을 주당 5,000원에 샀는데, 5개월 후에 그 주식이 10,000원까지 상승했다고 하자. 투자자는 주식이 고점인 10,000원을 찍고 7,500원까지 하락했을 때 주식을 매도했다. 이때 매수 시점의 가격을 기준으로 하면 주당 2,500원의 이익을 실현한 것이 된다. 하지만 최고가 10,000원을 기준으로 한다면 주당 2,500원 손실이다.

이런 경우에 투자자는 이익을 봤다고 생각할까? 아니면 손실을 입었다고 생각할까?

투자자가 어느 쪽으로 생각할지는 준거점에 달려 있다.
투자자의 준거점이 5,000원이면 이익을 본 것이며,
준거점이 10,000원이면 손실을 입은 것이다.
즉 준거점의 선택에 따라
우리는 이익의 기쁨을 느낄 수도 있고
손실의 아픔을 느낄 수도 있다.
이렇게 준거점의 변화에 따라
사람은 가치의 변화를 느끼는데,
이것을 '준거점 의존성'이라 한다.

일반적으로 투자자들은 준거점 설정 시 취득 가격을 기준으로 설정하지 않는다. 특히 주식을 매입한 지 최소 몇 개월이 지났다면 투자자는 취득 가격은 잊어버리고, 최근의 최고가를 준거점으로 사용하게 된다.

투자자에게 준거점은 생길 수밖에 없다. 불확실한 투자 환경에서 기준은 투자의 척도가 된다. 이런 이유로 최대한 객관적으로 준거점을 설정해야 한다. 투자와 아무런 연관도 없는 사실이나 숫자를 준거점으로 설정하지 말고, 분석과 통계에 따른 논리적인 자료를 바탕으로 준거점을 설정하라.

"때때로 기관 투자가들은 육중한 악마처럼 몇몇 주식을 기업 가치 대비 엄청난 바겐세일 수준으로 짓밟아놓기도 하고, 엄청나게 고평가되게 만들어 가치 투자자들에게 팔 수 있는 기회를 제공하기도 한다."

— 세스 클라먼

37

천장권의 호재는 팔고 바닥권의 악재는 사라

주가는 상승 탄력이 떨어지면, 가만히 두어도 물 흐르듯 아래 방향으로 떨어진다. 그렇지만 장기간 바닥을 다진 후에 점차적으로 상승하는 주식은 호재와 악재를 불문하고 오른다. 따라서 주가의 천장권에서 호재 공시가 계속해서 뉴스화된다면 매도해야 하고, 바닥권에서 악재 공시가 발표된다면 주가 폭락 시 매수로 대응해야 한다.

때때로 기관이나 외국인들은 많은 물량을 매집하기 위해 거짓 정보를 흘려 개미들에게 투매를 유도하기도 한다. 또한 큰 폭의 주가 상승이 있는 경우에 개미들을 끌어모을 수 있는 달콤한 정보를 발표한 후, 자신의 물량을 처분하기도 한다.

☆☆☆

그렇다면 천장과 바닥을 어떻게 확인할 수 있을까?

대표적으로 거래의 신이라고 불리는 일본의 혼마 무네히사가 개발한 '사카타 5법'을 들 수 있다. 당시 쌀 거래를 위해 과학적이고 학문적으로 접근해 개발한 사카타 5법은 오늘날 주식 투자에도 적용되는 매수와 매도 시점을 찾아내는 기법으로, 전 세계 투자자들의 필독서로 자리매김하고 있다. 삼산, 삼천, 삼공, 삼병, 삼법의 5가지 이론을 사카타 5법이라고 한다.

시세의 천장을 나타내는 삼산三山은 "주가는 동일한 변동을 세 번 이상

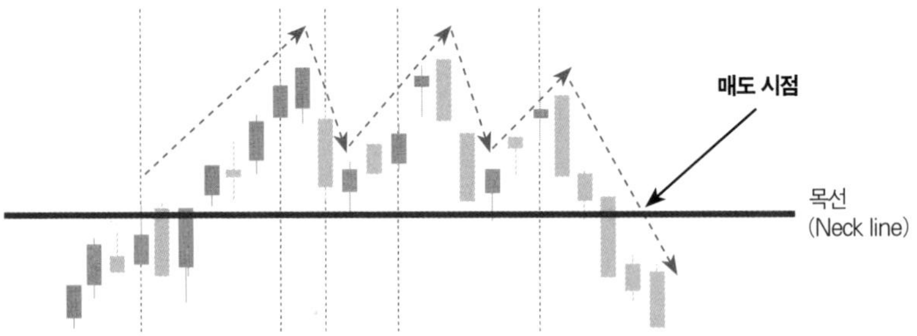

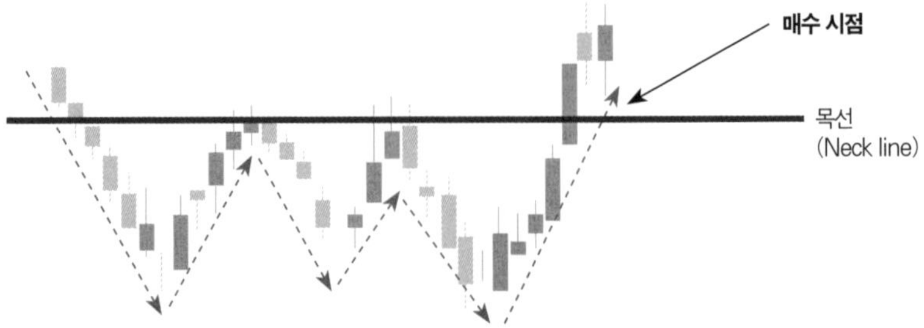

되풀이하지 않는다."라는 주가의 속성을 나타내는 천장권 패턴이다. 미국에서는 헤드 앤드 숄더Head and Shoulder라 불린다.

삼산은 고점에서 봉오리가 세 개가 형성되는 형태로, 주가 상승 이후 지속적인 매수세가 유입되지만 추가적으로 상승하지 못하고 하락 추세로 반전되는 패턴이다. 신뢰도가 높은 만큼 단기적이라기보다는 1개월 이상의 시간을 필요로 한다.

삼천三川은 3중 바닥형이라고도 불리며 주가가 저점을 올리면서 거래량이 증가하는 특징을 보인다. 장기간 하락 추세를 마감하고 상승 추세로 전환되는 패턴이다. 바닥을 형성하는 주가가 조금 오르다가 떨어지고를 세 번 반복하면 삼천이 형성된 것으로 본다. 차후 주가가 상승세로 돌아선다는 것을 의미한다.

삼병三兵은 주가가 바닥 국면에서 짧은 양봉빨간색이 연달아 3번 나타나면 적삼병赤三兵의 출현이라고 해서 강한 주가 상승을 의미한다. 이때에는 매수세가 몰리게 된다. 반대로 주가가 고점에서 하락을 의미하는 짧은 음봉파란색이 3번 나타나면 흑삼병黑三兵이라고 하여 폭락장을 의미한다. 이때에는 매도세가 몰려 투매 현상이 발생한다.

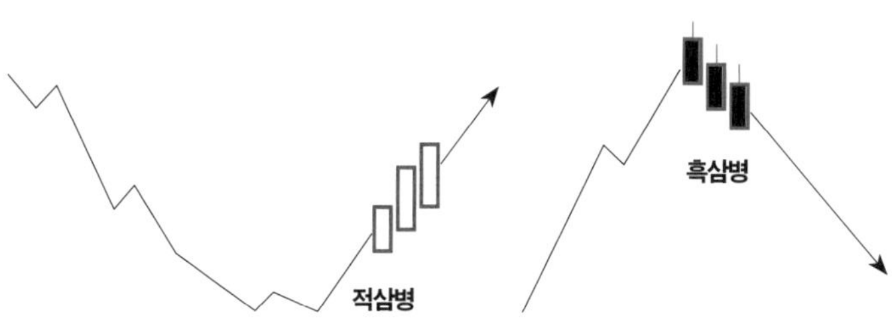

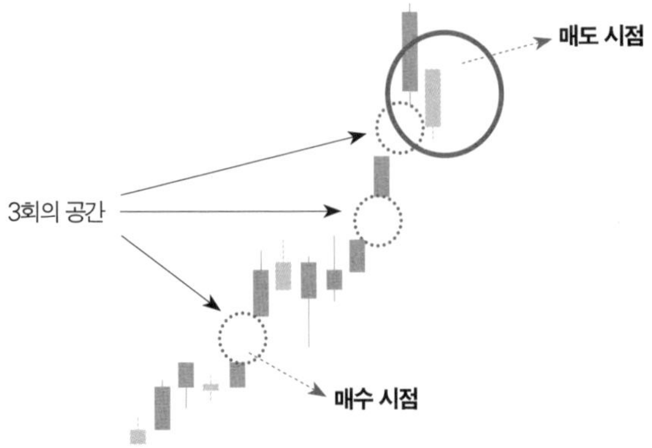

공空은 갭 상승이나 갭 하락 시 발생되는 빈 공간을 말한다. 삼공三空은 3일 연속 갭 상승이 이어지거나 갭 하락이 이어지는 경우를 의미한다. 3일 연속 갭 상승이 이어지면 매도해야 하고, 3일 연속 갭 하락이 이어지면 매수 시점을 뜻한다.

삼법三法은 주식 매매를 하면서 '사고, 팔고, 쉬어라'는 세 가지 법칙을 말한다. 쉬운 말로 싸게 사서 비쌀 때 팔고, 다시 기회가 올 때까지 쉬라는 말이다.

A라는 주식이 바닥권에서 큰 폭의 상승이 있었다고 가정해보자. 바닥권에서 상승 신호는 이전 거래량에 비해 거래량이 급증하면서 양봉이 발생할 때다. 계속해서 악재 뉴스가 도배를 하다가 호재 뉴스가 나올 시기에 상승시키는 것이다. 테마주를 제외한다면 이때 주가를 상승시키는 주체는 외국인이나 기관이다. 어떤 경우에는 외국인과 기관이 합작품을 만들기도 한다. 이때는 매수 관점으로 봐야 한다.

급등을 한 후에는 주가가 요란하게 파도를 친다. 그러다가 꼬리를 무는 호재 뉴스가 정점을 다한 순간, 거래량이 늘면서 장대 음봉이 발생한다. 급등의 피로감을 털어 버리는 것이다.

상승을 이끈 주체가 외국인이었다면
하락시키는 주체도 외국인인 경우가 많다.
이때에는 매도 관점으로 대응해야 한다.
하지만 대부분의 개인 투자자들은
그때까지도 매수에 여념이 없다.
종목을 주도한 주체가 떠나고 있는데
개인 투자자는 마지막 꼭지를 잡기 위해 혈안인 것이다.

천장권에서는 온갖 호재가 난무한다. 현재 급등한 주가보다 높은 주가를 증권사 리포트를 통해 시장에 발표하고, 그에 응하듯 개인 투자자들은 장밋빛 전망에 심취해있다. "농부가 황소를 팔아 주식을 매수할 때가 천장권이다."라는 말도 있듯이 모든 투자자가 입을 모아 주가의 상승을 말한다면 대개 주가는 이미 천장권인 경우다.

반면에 주가 바닥권은 모든 투자자가 고개를 돌릴 때다. 이때는 호재가 나와도 매수할 생각을 하지 않는다. 바닥권에서는 두려움 또는 공포 때문에 주식을 매수할 생각을 하지 못한다.

이 두 상황에서 투자자들을 움직이는 것은 이성적인 사고가 아닌 감정적인 판단이다.

> “언제나 가장 낮은 가격에 사고, 가장 높은 가격에 판다는 사람들이 있다. 그들은 자신을 천재라고 여긴다. 나는 그들을 거짓말쟁이로 여긴다.”
>
> — 앙드레 코스톨라니

38

주식 투자의 9할은 매수와 매도 타이밍이다

주식 투자만큼 어려운 일도 없다. 주식에 대해 모르는 사람은 이렇게 쉽게 이야기할 수 있다.

“주식 투자로 돈을 벌 수 있는 원칙은 간단하다. 바로 쌀 때 매수해서 비쌀 때 매도하면 된다.”

참 쉬운 말이지만 실천하기 어렵다는 게 문제다. 쌀 때 매수해서 비쌀 때 매도하면, 주식 투자에서 손해를 보는 경우가 있을까?

하지만 주식 투자는 제로섬 법칙에 따르기 때문에, 이익을 얻는 사람이 있으면 반드시 잃은 사람이 생기게 되어 있다.

혹자는 이렇게 말한다.

"많은 사람들이 너무나도 간단한 주식 투자 원칙인 '쌀 때 사서 비쌀 때 팔아라'는 말을 제대로 실행하지 못하고 있다. 많은 개인 투자자들이 비쌀 때 주식 시장에 발을 들여놓았다가, 매수가보다 쌀 때 주식을 팔아 버리는 패턴을 반복하고 있다. 그렇기 때문에 개인 투자자는 주식 투자로 돈을 벌 수 없다."

주식이 쌀 때가 '언제'인지 어떻게 알 수 있고, 매수와 매도 타이밍은 또 '언제'란 말인가. 저평가라는 것은 어떻게 알 수 있는가. 주식 가격의 미래 가치라는 것이 있는가. 장기 투자는 도대체 언제까지인가. 5년? 10년? 20년?

"좋은 주식을 쌀 때 사서 비쌀 때 팔아야 한다."가 정답이지만 그 시점을 '언제'로 하느냐를 가늠하기는 불가능하다. 하지만 최소한의 요건을 열거하면 다음과 같다.

첫째, 주가가 '방향성'을 정했는가.

둘째, 현재 주가의 상태는 어떤가.

셋째, 주가가 현재 투자자들의 매수 욕구를 반영하고 있는가.

넷째, 나중에 매수를 이어 갈 투자자가 있는가.

주식 매매는 혼자서 하는 게임이 아니다. 모니터 너머에 있는 불특정 다수와 함께한다. 상대를 모른다는 것은 애초에 심리적으로 지는 매매를 하게 된다. 모른다는 것 그 자체가 두려움이다. 불안을 동반한 매매를 하니 팔면 오르고, 사면 내리는 것도 어찌 보면 당연하다.

미래의 주가는 알 수 없지만 과거의 주가는 알 수 있다. 과거를 현재의 판단 기준으로 삼는 것도 하나의 방법이다.

예를 들어 100만 원을 투자할 때 주가가 10,000원이라면 100주를 사지만 5,000원일 때 사면 200주를 매수할 수 있다. 똑같은 금액으로 100주를 사는 것보다는 200주를 사는 게 더 이익이다. 팔 때는 반대로 200주를 5,000원에 파는 것보다 10,000원일 때 파는 것이 더 이익이다.

싸다는 말을 무릎으로 해석하고, 비쌀 때를 어깨로 해석하면 된다. 5,000원보다는 6,000원에 매수하고, 10,000원보다는 9,000원에 매도를 한다면 심리적으로 이기는 투자를 할 수 있지 않을까?

☆☆☆

과연 주식 투자자는 최저점과 최고점을 찾아낼 수 있을까? 어느 누구도 바닥과 고점을 알 수 없기에 "무릎에서 사서 어깨에서 팔아라."는 주식 격언이 존재하는 건 아닐까?

톰 디마크는 시장의 고점과 저점을 이렇게 표현했다.

"시장은 영리한 매수자가 저점을 예상하여 시장에 진입하기 때문에 바닥을 치는 것이 아니라, 비유하자면 마지막 매도자가 매도했기 때문에 저점을 기록하는 것이다. 반대로 시장의 고점은 영악하고 정보가 빠른 매도자에 의해 만들어지는 것이 아니라, 마지막 매수자가 매수했기 때문에 만들어지는 것이다."

주가의 최저점과 최고점을 알 수 없는 이유를 심리적 관점에서 설명해보겠다. 1,000원에 해당하는 주식이 있다고 가정해보자. 잠재적인 매수자는 그 주식을 900원에 사고 싶어서 800원으로 주문하며, 매도자는 주식의 가치가 1,000원에 해당하므로 1,100원에 팔기 위해 1,200원을 요구한 상황이다.

주식 시장에 이 종목 하나만 존재하며 주변 시장 상황, 경제 상황, 심리적 요인 등의 변화가 없다면 이 거래는 성립되지 않는다. 하지만 주식 시장에는 무수히 많은 종목이 존재하며 매수자와 매도자를 압박하는 다양한 요인들이 있다.

매도자 입장에서 자신이 보유한 주식의 가치가 현재가보다 상승할지에 대한 의구심, 외부 악재로 인한 주식 시장 불안감 등으로 팔아야만 하는 상황이 발생한다.

매수자 입장에서는 자신이 매수하려는 주식의 가치가 현재가보다 상승할 거라는 기대심, 주식 시장 흐름에 대한 긍정적인 전망 등으로 사야만 하는 상황이 반드시 발생한다.

이 두 상황이 충돌하게 되면 매매가 이루어진다. 만약 어느 한 방향만 존재한다면 주가는 계속해서 하락하거나 상승하게 된다. 그러나 수많은 투자자들과 그들을 둘러싸고 있는 환경경제 환경, 기업 환경, 시장의 흐름 등을 완전히 파악하기는 불가능하기에, 주식의 최고점과 최저점을 알 수가 없는 것이다.

주식 투자에 있어 자신이 매수한 시점이 바닥이라 생각했지만 계속해서 하락한다면 손실을 인정하고 매도해야 한다. 또한 자신이 매수한 시점에서 상승을 예견하고 매수했지만 주가 흐름이 하락 추세로 이어진다면 이 또한 손실을 인정하고 매도하라. 상승과 하락에 대한 투자자의 판단은 틀릴 수 있다.

어떤 사람과 현자와의 대화이다.

"지혜가 어디에서 옵니까?"

"좋은 경험에서 온다."

"좋은 경험은 어디에서 옵니까?"

"좋은 선택에서 온다."

"좋은 선택은 어디에서 옵니까?"

"나쁜 경험에서 온다."

경험이란 우리에게 소중한 자산이다. 성공한 경험도 실패한 경험도 모두 투자자에게 도움이 된다. 성공한 경험에서는 자신의 강점을 찾아내고, 실패한 경험에서는 자신의 단점을 찾아 보완할 수 있는 것이다. 경험에서 배우지 못하는 사람은 참으로 좋은 학습 기회를 날려 버린 것이다.

앙드레 코스톨라니가 "경제라는 것은 가르칠 수 없는 것으로서, 스스로 체험하고 살아남아야 한다."라고 말한 이유가 바로 이 때문이다.

주식 투자에 있어서도 불필요한 경험은 존재하지 않는다. 매매 한 번으로 모든 것을 알 수도 없다. 이를 인정하고 벽돌로 집을 짓듯이 하나하나 정성을 다하라. 한 번에 두 개의 벽돌을 놓기 위해 서두르지 마라. 매일 하나의 벽돌만 놓으면 된다. 그렇게 놓은 벽돌들이 모여 자신만의 집을 완성하는 것이다.

> “이 세상에 대한 우리들의 이해는 불완전하다. 참가자의 견해와 기대는 일치하지 않는 법이다. 때때로 그 불일치 정도가 아주 미약해 무시되기도 하지만, 그 격차가 엄청나게 커서 사건의 흐름을 결정짓는 주요 요인이 되기도 한다. 참가자의 실수, 편견, 오해 등으로 역사는 빚어진다.”
>
> — 조지 소로스

우세적 편견은 시장에 영향을 미친다

“시장은 일정한 균형을 가지고 계속적으로 움직이는 것이 아니라, 극한에 도달해야만 안정 기조로 되돌아온다.”

조지 소로스는 사회에 모든 현상은 인지기능과 조작기능이 서로 영향을 주는 상호 순환관계를 통해 나타난다는 주장을 담은 재귀성이론에서 이렇게 주장한다.

이 이론은 기본적으로 세상의 불확실성을 기반으로 하고 있으며 효율적 시장가설과 반대된다. 주가는 기초적 경향과 더불어 우세적 편견에 영향을 받고, 주가의 흐름에 영향을 미친다는 것이다.

양자역학에서는 관찰자가 관찰 대상에 영향을 준다. 마찬가지로 관찰 대상도 관찰자에게 영향을 준다. 상호 영향을 주는 것은 투자도 마찬가지다.

투자자는 주가에 영향을 주고,
주가는 다시 투자자에게 영향을 준다.
그래서 주가를 움직이는 수많은 요소들에서 징후를 찾고,
이들이 주가에 미치는 영향을
확률적으로 계산하여 투자한다는 것이다.

그는 이런 자신의 투자이론으로 1950년대에는 은행 주식에 투자하여 50%의 수익을 올렸고, 1969년 투자의 귀재 짐 로저스와 함께 퀀텀 펀드를 만들어 1980년까지 3,365%의 경이적인 수익을 올리기도 했다. 1992년에는 영국 파운드화에 70억 달러를 투자하여 20억 달러를 벌었다.

자신의 투자이론을 한마디로 설명해달라는 사람들의 요청에 대해 그는 이렇게 말했다.

"내가 '이것이다'라고 말해준다면, 그 순간부터 '이것'은 더 이상 유효하지 않다."

예를 들면 어느 전문가가 주가가 2,000p까지 오를 것이라고 예측했다고 하자. 그것을 발표하지 않고 가만히 있으면 실제로 주가가 2,000p가 될 가능성이 높지만, 그것을 발표하는 순간 주가는 맞지 않게 된다. 주가가 2,000p까지 오른다면 그 직전에 주식을 모두 팔아 버릴 것이기 때문에 주가는 그 이하로 내려앉게 된다는 것이다. 전문가의 말 한마디 자체가 주가에 또 다른 영향을 미치기 때문이다.

재귀성이론에서는 투자자들이 추세의 시작점은 인식하지 못한다. 하지만 주가의 우상향 추세를 시장 참여자들이 인지하면 그때부터 지배적인 편견이 주가의 상승을 가속화한다. 그러다가 주가가 상승을 멈추고 낙폭을 키우면 더 이상 주가가 투자자들의 과도한 기대에 상응하지 못한다는 것을 알아차리게 된다.

이런 과정을 겪은 시장 참여자들은 더 이상 주가의 상승을 기대하지 않게 되어 급락세가 진정되면서 안정화 단계로 진입하게 된다.

☆☆☆

A라는 기업은 2017년부터 당기순이익이 증가하기 시작해서 2019년에는 당기순이익의 최고점을 찍었다. 이 시기에 주가는 10,000원에서 30,000원까지 상승했으나, 현재는 주가가 급락해 11,000원까지 하락했다.

그렇다면 이제부터 A기업을 예로 들어 조지 소로스의 재귀성이론을 좀 더 자세히 살펴보자.

A기업은 2017년 동일 업종 내에서 타 기업과 비교하여 절대적인 우위를 점하고 있었으며, 이런 상황이 계속 지속될 거라는 견해가 팽배했다. 이 시기는 소로스가 주장하는 긍정적 피드백이 우세한 입장에 있는 상황이었다. 이에 따라 A기업의 주가는 실제 가치보다 한참 높게 형성

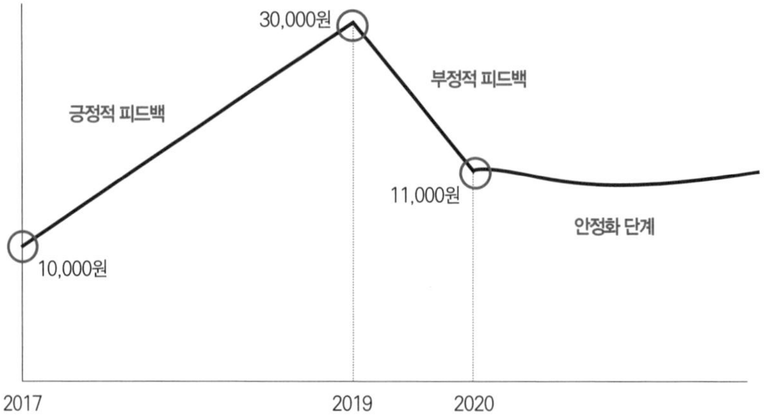

되었다.

2018년까지도 A기업의 실적은 더없이 좋았고 따라서 투자자들은 계속해서 A기업의 실적이 좋을 거라는 편견을 갖게 됐다. 이런 편견들이 우세적 편견을 형성하면서 주가도 비현실적으로 상승했다. 이런 우상향 추세는 상당 기간 지속되었다.

하지만 동일 업종 내 다른 기업의 경쟁력이 빠르게 향상되면서 기존의 긍정적 피드백은 부정적 피드백으로 전환되었다. A기업은 2019년에 당기순이익의 최고점을 찍은 후 주가는 급락했다. 적정 주가는 PER 5 정도면 충분했지만 우세적 편견에 의해 PER 14까지 올라간 후 부정적 피드백이 발생하면서 주가가 급락한 것이다. 이런 급락을 거친 후 다시 주가는 안정화 단계에 접어들었다.

이처럼 조지 소로스의 재귀성이론은 투자자들의 심리를 투자에 적용한 것으로, 심리적인 측면을 주가의 본질적 가치에 투영시켜 주가의 상승과 하락을 설명한다.

주가는 기업의 실적이나 현재의 경기 흐름 등에 영향을 받기도 하지만 투자자들의 편견에 좌우되기도 한다. 투자자들의 편향된 기대로 발생한 편견은 점점 강화되고 주가를 과도하게 상승시키며 주가에 거품을 형성한다.

그러나 결국 거품은 사라지고 만다. 대세가 전환되는 것이다. 이런 대세 전환점을 파악하는 것이, 주식 시장에서 수익을 챙길 수 있는 방법이다.

"가치 투자는 이해하기는 쉽지만 실천하기는 어렵다. 정작 어려운 부분은 분석 기술이나 계산 방식에 있지 않고, 원칙을 지키고 인내하고 판단하는 것에 있다."

— 세스 클라먼

40

단순한 투자 전략이 소음과 탐욕을 이기게 한다

초보 투자자들은 전문가는 뭔가 특별한 매매 전략이 있을 거라고 오해한다. 하지만 매매 방식의 차이는 투자에 있어 일부분에 불과하며, 그들이 사용하는 전략도 의외로 단순하다. 일반적으로 투자자들은 본인이 이해를 못하더라도 어렵게 설명해줘야 있어 보이고, 그럴듯해 보인다고 생각한다.

GE의 회장을 지낸 잭 웰치는 말했다.

"사람들이 단순해지는 것이 얼마나 어려운지, 그리고 그들이 단순해지는 것을 얼마나 두려워하는지는 믿을 수 없을 정도다. 그들은 단순해지면 다른 사람들이 자신들을 멍청하다고 생각할 것으로 우려한다. 물론 현실에서는 정반대다. 명확하고 현실적인 사람들이 가장 단순하다."

단순하다는 것은 곧 'simple'이다. 하지만 보통 사람들은 'simple' 하면 있어 보이는 표현이라 생각하고, '단순함' 하면 없어 보이는 표현이라 여긴다. 동일한 의미를 가진 단어임에도 말이다. 단순함이야말로 가장 가치 있는 투자 전략임을 기억하자.

주식 투자도 예외는 아니다. 단순한 주식 투자 전략이 바로 천국으로 가는 계단이다. 여러 요소들을 종합하여 매매 전략을 수립해야 하겠지만, 이를 지키기 위해서는 무엇보다 단순해져야 한다.

투자자 자신이 해야 할 일은 **첫째, 단순함을 유지하는 것이다.** 사람의 처리 능력은 한계가 있다. 매매에 있어서도 여러 가지의 매매 원칙은 빈번한 매매를 하게 한다.

둘째, 단순함을 지키는 것이다. 매매할 때 상승 종목에 이끌려 매수에 가담하는 어리석은 행동을 피할 수 있다.

셋째, 반복된 단순함을 유지하는 것이다. 단기 매매든, 장기 매매든 자신이 정한 단순한 매매를 반복해야 한다. 언뜻 쉬워 보이지만 단순함을 추구하는 것은 복잡하게 하는 것보다 더 어렵다.

복잡한 수학적 계산을 요구하는 매매 전략을 추구하는가? 컴퓨터 같은 두뇌를 갖기를 원하는가?

수학적 계산만으로 주식 투자의 해법을 찾을 수 있다면, 수학 전공자나 수학자들이 주식에서 돈을 잃지 않아야 할 것이며, 컴퓨터 관련 전문가들 또한 마찬가지여야 한다. 하지만 현실은 어떤가? 이들이 주식에서 돈을 잃지 않았다는 얘기를 들어본 적이 있는가?

주식 투자를 하면서도 완전한 원칙에 대한 해답을 얻을 수 없기에, 사람들은 그 안에 자신들이 이해하지 못하는 원칙이 숨겨져 있을 것이라는 착각을 하게 된다. 이런 착각들이 점점 더 복잡한 원칙을 만들게 하는 원인이다.

이런 상황은 파티에 모인 사람들이 점점 목소리를 높이는 현상과 같다. 사람들이 모여 있는 시끄러운 장소에서 다른 사람들에게 말을 하려면 목소리를 높여야 한다. 그러나 모든 사람들이 목소리를 높이면 주위가 더 시끄러워지기 때문에, 사람들은 점점 더 큰소리로 말할 수밖에 없게 된다.

벤저민 그레이엄은 "주식 매수는 향수가 아니라 식료품을 사듯이 하라."고 투자자들에게 조언하고 있다. 더불어 투자자들에게 계량화하는 습관이 무엇보다 중요하다고 강조한다. 적정 매수 가격과 시장 가격을 비교하고 관찰하면서 투자를 결정하라는 것이다.

마트에서 쇼핑을 한다고 가정해보자. 식료품은 구체적이다. 식료품은 우리가 손으로 만질 수 있고, 필요한 물품을 집어서 카트에 담을 수도 있다. 하지만 향수는 막연하다. 공기 중에 한 번 뿌리고 나면 향기는 금세 사라지고, 볼 수도 없고, 만질 수도 없다. 단지 옆 사람에게 향기만을 줄 뿐이다.

나름 상한가 매매에 필요한 원칙을 세운다. 그런 다음 급등주에 홀려

향수와 같은 종목을 매수한다. 빠른 시간 안에 투자 금액을 늘리기 위해서 나약한 개인 투자자라는 사실을 잊는다. 주식을 시작하면서 가끔 찾아오는 행운을 실력으로 착각한다. 대단한 원칙을 발견한 듯 의기양양하기도 한다.

하지만 결과적으로 항상 마이너스다. 향수와 같은 종목들은 그 종목에 돈을 투입한 투자자들에게 천당과 지옥을 수차례 안겨준다. 주식 시장에서 어떤 종목은 뉴스로 상승하기도 하고, 어떤 종목은 수급에 의해 상승하기도 하며, 어떤 종목은 실적에 의해 상승하기도 한다. 또는 '상한가까지 갔는데 한 번에 끝나겠어'라는 안이한 생각으로 매수하기도 한다.

그래서 각종 매체에서는 재료 매매, 수급 매매, 실적주 매매, 상한가 매매 등 셀 수 없이 많은 주식 매매 방식으로 개인 투자자들을 유혹한다. 하지만 묻고 싶다. 이런 방식으로 안정적인 수익을 얻고 있는가? 아니면 잔고가 바닥을 보이고 있는가?

주가가 조금만 출렁이면 그제야 인터넷 게시판을 뒤적거리면서 매수하게 된 합리적 근거를 찾기 시작한다. 투자자 자신만을 위한 매매를 한 후, 주가가 상승하지 못하면 그때서야 자기 정당화를 위한 근거를 찾기 위해 분주하다. 아직도 이런 매매 패턴을 버리지 못한 투자자라면 자신에게 정직하게 물어보기를 바란다.

"어떻게 하면 회복 불가능한 손실로 인한 심리적 고통을 최소화할 수 있을까?"

"어떻게 하면 지속적으로 수익을 창출할 가능성을 최대한으로 끌어

올릴 수 있을까?"

"어떻게 하면 수많은 경험을 바탕으로 좀 더 인내심을 갖고, 감정을 스스로 통제할 수 있을까?"

시장은 누구나 훌륭한 성과를 내도록 그냥 내버려두지 않는다. 그렇기 때문에 더 많은 실전 경험과 지혜가 필요하다. 만약 약간의 전문지식과 짧은 그저 그런 지적 능력을 가지고 시장에 진입을 시도하려 한다면, 당신의 계좌는 더 악화될 것이다.

확고한 원칙이 없으면 현명한 판단을 내리기가 쉽지 않다. 투자자들은 자신의 투자상태를 돌아보고 점검할 시간을 스스로에게 주는 자기 검증을 꼭 거쳐야 한다.

아무리 조심스런 매매를 위해
주의를 기울인다고 해도
주식의 가격은 시시때때로 하락한다.
어떤 투자자도 그 위험으로부터 완전히 벗어날 수는 없다.
하지만 위험을 관리할 수 있는 능력,
그리고 주가 하락에 대한 두려움을 통제하는 능력은
자신의 것으로 만들 수는 있다.

그런 공부가 되어야, 최소한 투자자에게 자기 통제력이 가장 필요한 바로 그 시점에 훈련된 통제력이 빛을 발휘할 수 있는 것이다.

> "투자에서 지속적인 성공을 거두려면 오로지 두 가지 원칙을 따라야 한다. 첫째는 건전하고 전도유망한 투자 원칙이며, 둘째는 월스트리트에서 인기 없는 투자 원칙이다."
>
> — 벤저민 그레이엄

매매 원칙은 꺼뜨리지 말아야 할 성화의 불씨와 같다

도시에는 언제나 사람들이 북적거린다. 다들 자기에게 어울리는 옷차림에 액세서리를 더하고 있다. 이렇게 어울리는 패션 스타일을 만들기 위해 사람들은 패션 잡지를 보는 등 시간과 돈을 투자한다. 모두가 멋진 여자, 멋진 남자로 보이기 위해서다.

주식 투자도 예외는 아니다. 많은 수익을 안겨줄 멋진 종목을 찾기 위해 HTS를 켜고 마우스로 열심히 탐험한다. 하지만 종목을 찾기 전에 먼저 선행되어야 하는 것이 바로 자신에게 맞는 투자 원칙을 세우는 것이다.

앙드레 코스톨라니는 이렇게 말한다.

"증권거래소에는 주식을 사서 장기적으로 가지고 있으려는 사람 외에도, 며칠 혹은 심지어 24시간밖에 안 되는 짧은 기간을 보유하는 놀이꾼이 있다. 이 놀이꾼들을 나는 주식 시장의 '기생충'이라고 부르고 싶다. 하지만 주식 시장이 잘 돌아가는 데 이 '기생충'들은 아주 중요한 역할을 한다. 이들이 없다면 만들어내기라도 해야 한다. 왜냐면 거래량이 크면 클수록, 투자자가 필요할 때 주식을 팔아 현금화할 수 있는 보장이 크기 때문이다."

원칙을 찾고 그리고 그 원칙에 맞는 매매를 하라. 원칙에 맞는 종목이 없다면 그냥 쉬어라. 초단타 투자자라면 원칙을 철저히 지켜도 앙드레 코스톨라니가 말하는 주식 시장의 기생충이다.

하지만 기생충이라 불려도 순기능을 담당하면서 이익을 취할 수도 있다. 그러기 위해서는 무엇보다 투자 원칙이 필요하다. 아주 흔해 빠진 원칙이라 하더라도 우선은 지켜보라. 그러기 위해서는 날카로운 이빨을 먼저 키워 나가라.

혹시 차를 타고 가면서 가로수를 세어본 경험이 있는가. 길을 걸으면서 지나가는 사람들에게 번호를 부여해본 경험이 있는가.

하지만 수를 헤아릴 때 모든 사람들은 "하나, 둘, 셋……."이라고 하지, "−1, −2, −3……." 이렇게 수를 세지는 않는다. 사람들은 애초에 음의 수는 생각하지 않고, 양의 수만을 생각하고 있는 것이다.

주식 투자를 생각하면서 '나도 리치 빌리지에 들어설 수 있다'라고 단정을 할 뿐, 자신이 깡통을 찰 것이라고 의심조차 하지 않는다. 아니 의심할 수 있을지라도 '난 예외겠지'라고 생각한다.

"매매 원칙을 정립하라."

"매매 원칙은 객관적이어야 한다."

"매매 원칙은 반복적이어야 한다."

"매매 원칙은 단순해야 한다."

투자자 모두가 아는 평범한 말이지만, 지키기는 정말 어렵다. 매매 원칙을 정립하는 것만큼, 원칙에 맞는 종목을 찾기도 쉽지 않다. 매매 원칙은 꺼뜨리지 말아야 할 성화의 불씨와 같다.

원칙을 지켜야만 투자자로서의 삶을 지속할 수 있다. 매매 원칙은 복잡한 컴퓨터 회로가 아니다. 그럼에도 왜 많은 투자자들은 이것을 지키는 데 어려움을 토로할까?

그것은 투자자의 욕심과 공포 때문이다.

투자자가 목표로 한 수익률을 초과 달성하고도
매도하지 못하는 이유는
이후에도 상승이 계속되면 얻게 될
수익의 기회에 대한 '탐욕' 때문이고,
계속해서 하락하는 주식을 매수하기 어려운 것은
추가 하락에 대한 '공포' 때문이다.
이러한 탐욕과 공포를 극복하는 유일한 길은
투자자 자신이 확립한 원칙을
믿고 따르는 것이다.

우선은 매매 원칙을 정립하라. 그 매매 원칙이 맞든, 틀리든, 수익을 주든, 손실을 주든 상관없이 투자 전에 제일 먼저 해야 할 투자자의 운명이다. 이를 어긴다면 시장은 바로 당신에게 노력하지 않은 대가를 치르게 할 것이다. 투자 원칙을 세우는 것은 손해를 최소로 하며, 수익을 얻기 위한 첫 걸음이기도 하다.

보다 더 중요한 것은 정한 매매 원칙을 지켜야 하는 것은 물론 반복적으로 그 원칙만을 적용해야 한다는 것이다. 종목에 원칙을 끼워 맞추지 말고, 원칙에 맞는 종목을 찾기 위해 노력해야 한다.

욕심을 버리고 한 우물만 파라. 하나의 매매 원칙을 정립하는 데도 수많은 매매를 반복해야 하고 그만큼 시간도 많이 소요되기 때문이다. 제대로 된 투자 원칙 하나만 정립해도 주식 시장에서 살아남을 수 있다.

☆☆☆

필자가 개인적으로 정립한 매매 원칙을 소개하면 아래와 같다.

첫째, 기술적 분석을 한다. 월봉, 주봉을 자세히 분석하는 반면, 일봉은 흐름만을 본다. 차트를 볼 때 거래량이 많은 캔들과 가격 캔들을 기준으로 삼는다. 그런 다음, 이동평균선과 함께 주가의 위치를 살핀다. 이때 가장 중요하게 생각하는 요소는 거래량과 주가다.

거래량은 점차로 감소하고 있는데 주가의 하락 폭이 크지 않거나, 주가가 고점을 올리면서 상승하고 있다면 주가를 올렸던 주체 세력들이 주식을 여전히 보유하고 있다는 의미다.

이때 거래량의 일반적 감소보다는 거래량이 급감해있다면 더욱 좋다. 세력들의 액션이 없을 때 주가의 움직임이 작다는 것은 그만큼 세력들이 이 주식을 확실하게 매집하고 있다는 반증이기 때문이다.

둘째, 주가를 움직이는 주체를 파악한다. 모든 주식에는 그 주가를 움직이는 주체가 있다. 이 주체를 파악하기란 쉽지 않다. 왜냐하면 과거의 주체가 현재의 주체라는 법은 없기 때문이다. 하지만 과거의 주체가 계속해서 매수를 이어 가고, 새로운 주체도 동시에 매수를 해준다면 주가의 상승 탄력은 더없이 좋을 것이다.

만약 외국인의 꾸준한 매수세가 유입되는 과정에서 기관이 매수에 가담해준다면 단기간에 많은 수익을 챙길 수도 있다. 주의할 것은 수급의 3주체 중에 주가를 움직이는 세력은 외국인 또는 기관이라는 걸 명심하

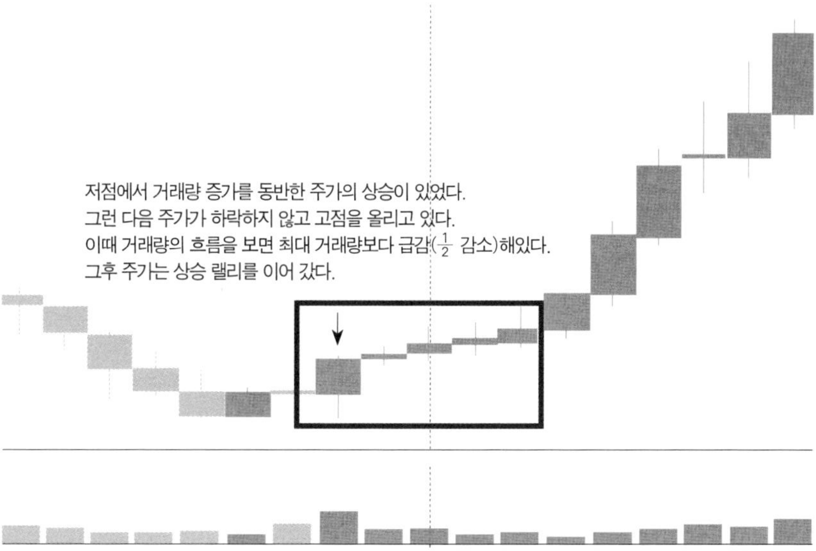

라. 테마주를 제외한다면 개인이 수급의 주체가 되어 주가를 상승시키는 경우는 별로 없다.

셋째, 주체 세력의 평균단가를 구한다. 만약 외국인이 주가를 움직이는 세력이라면, 외국인의 평균단가를 구해서 현재의 주가와 비교해야 한다. 이를 통해 현재 외국인이 이익인지 손해인지 알 수 있다. 평균단가는 지지선과 저항선 역할을 한다.

만약 평균단가 아래에 주가가 위치해있다면 외국인은 평균단가 위로 올리기 위해 매수 수량을 늘릴 것이다. 그래야 저항선을 돌파할 수 있기 때문이다.

반대로 평균단가 위에 주가가 위치해있다면 외국인은 매수와 매도를 반복하면서 이익 실현과 물량 매집을 동시에 진행할 가능성이 크다. 이때에는 평균단가와 주가의 차이가 크지 않아야 한다.

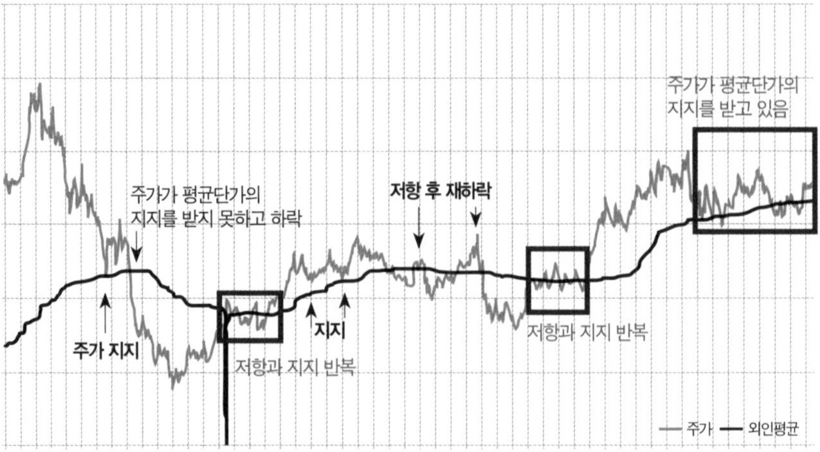

명심하라. 비바람이 불고 폭풍우가 몰아쳐도 꺼지지 않는 불빛처럼 투자자 자신의 성화 즉, 매매 원칙을 지켜라.

앙드레 코스톨라니, 워런 버핏,
조지 소로스처럼은 못하지만,
아니, 할 수 없지만
주식을 투자하는 투자자라면
그 누구든지 자신만의 방식one's own mode으로
주식투자를 해야 한다.
그것이 옳아서나 최선이어서가 아니다.
틀린 방식이든, 맞는 방식이든
어떤 방식이냐가 중요한 것도 아니다.
그보다는 자신만의 방식대로
주식투자를 이어 가는 것 자체가
그렇지 않는 것보다 바람직하기 때문이다.

"투자란 IQ 160인 사람이 IQ 130인 사람을 이기는 게임이 아니다. 때문에 투자에 성공하기 위해서 로켓 과학자처럼 뛰어난 두뇌가 필요하지는 않다. 하지만 이성적인 사고력은 필수적이다."

— 워런 버핏

매매 원칙은 자신과의 싸움, 자신만의 길을 찾는 과정이다

주식 투자에서 매매 원칙은 결국 자신과의 싸움, 자신만의 길을 찾아가는 과정이다. 성공한 사람들과 투자를 통해 부를 축적한 사람들의 공통점은 바로 자신과의 약속을 철저히 지켰다는 것이다. 투자자가 제일 자신 있는 매매 원칙을 정립했다면, 그것이 자신과의 약속이다.

가령 한 투자자가 쌍바닥, 전 고점 돌파 매매 원칙을 정립했다면 그 원칙을 지키기 위한 연구와 실전 경험이 필요하다.

모양이 쌍바닥, 전 고점 돌파 종목이라고 해서 무조건 매매를 해서도 안 된다. 자신이 정한 원칙에 부합되었을 때 매수해야 한다. 이제부터 쌍바닥, 전 고점 돌파 매매 원칙을 정립한 투자자가 매수 시 고려해야

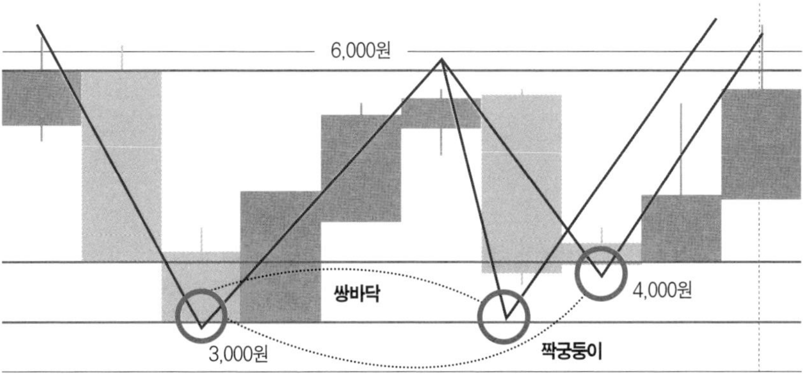

하는 몇 가지 조건을 알아보자.

첫째, 쌍바닥이 형성된 차트가 상승 확률이 높다. 주가가 바닥을 쳤다가 상승했는데, 또 다시 바닥을 치고 재상승하는 모습을 쌍바닥이라고 한다. 여기서 쌍바닥은 짝궁둥이비대칭면 더욱 좋다.

여기 주가의 고점이 6천 원이었고, 현재가가 4천 원인 종목이 있다. 해당 종목의 주가가 6천 원에서 계속 하락하던 중에 3천 원에서 4천 원으로 반등이 나왔다가 바로 3천 원으로 재하락했다고 가정해보자. 만약 3천 원 이하로 하향하지 않고 재상승한다면 쌍바닥이 형성된 것이다. 두 개의 바닥이라서 쌍바닥 또는 이중바닥이라고도 불린다.

짝궁둥이는 6천 원에서 3천 원으로 하락한 후, 5천 5백 원이 되었다가 다시 3천 원까지 하락하지 않고 4천 원에서 반등을 하면 오른쪽이 높은 짝궁둥이 모양이 된다.

둘째, 거래량을 체크해야 한다. 주가가 내려가다가 다시 가격이 올라가기 시작하면 거래량은 점차 많아지게 된다. 이후 다시 주가가 떨어질 때는 거래량이 점차 줄어드는 현상을 보인다. 그런데 만일 이 상태로 거래가 부진하다면, 매수할 사람들이 별로 없다는 것을 의미하므로 3천 원도 깨질 수 있다.

그런데 주가가 갑자기 크게 오르고 거래량까지 엄청나다면 주가가 더욱 상승할 가능성이 높다. 이때 일반적으로 주가는 전 저점을 지지한다. 즉 3천 원이 쉽게 깨지지 않고 서서히 올라가는 경우가 많다. 단 쌍바닥이 되기 위해서는 거래량이 점차 증가해야 한다는 전제조건이 필요하다.

☆☆☆

셋째, 전 고점 돌파 여부를 확인해야 한다. 주가가 상승할 때 일반적으로 거래량도 증가한다. 다음 차트에서 거래량이 가장 많은 가격대는 6천 원대다. 이 말은 주가가 5천 원일 경우 많은 매수자들이 손해를 보고 있다는 것이고, 본전 심리가 강하게 작용한다는 의미다.

6천 원에 매수하자마자 하락했다가 본전 가격인 6천 원에 주가가 형성된다면 어느 누가 팔지 않고 견딜 수 있겠는가?

그런데 주가가 천천히 오른 것이 아니라 6천 원대를 강하게 돌파했다면 그것은 세력의 영향일 가능성이 크다. 세력이 6천 원대에서 엄청난 물량을 매수한 것이기 때문에 그 가격대가 강력한 지지선이 된다.

즉 6천 원 이상의 가격에서 형성된 주가가 하락하더라도 6천 원 부근에서 다시 재상승을 시작할 개연성이 높다. 그때가 바로 쌍바닥의 완성이고, 전 고점 돌파 매매이면서 매수 시점이 되는 것이다.

쌍바닥 매매 원칙이라고 해서 무조건 2차바닥 시점인 5천 원에서 매수하지 마라. 또한 전 고점 돌파 매매 원칙이라고 해서 무조건 6천 원에서 매수하지도 마라. 쌍바닥 패턴을 찾아냈다고 신나서 매수하다가 그대로 마이너스를 찍을 수도 있다.

돌파 매매를 원칙으로 한다고 하여 전 고점 부근에서 잘못 매수하면, 이 또한 천장에서 바닥까지 추락할 수 있다. 날개 없는 추락은 끝이 없다. 쌍바닥 매매와 돌파 매매를 함께 고려하라. 매수 시점도 전 고점인 6천 원을 완전히 돌파하고 주가가 상승한 후 다시 주가가 전 고점인 6천 원 부근을 지지할 때, 그때가 매수 시점이다.

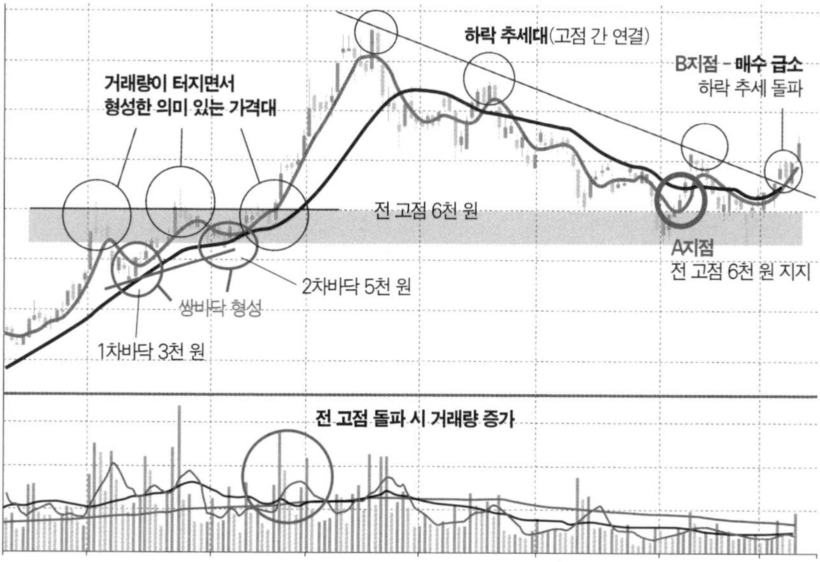

주식 투자는 머리만 좋으면
이길 수 있는 게임이 아니다.
복잡한 것을 단순화할 줄 알아야 한다.
그러기 위해서는 먼저 원칙을 세워야 한다.
그리고 철저히 그 원칙을 지켜라.

저점이라 생각하고 2차바닥 시점에서 쉽게 매수를 결정하지 마라. 잘못했다가는 저점이 아니라 주가의 하락으로 고점이 될 수도 있다. 이성적인 사고를 가지고 무릎에 사서 어깨에서 팔기 위해 노력하라. 그리하면 계좌의 숫자는 늘어날 것이다.

> “당신이 알고 있는 정보는 주가에 이미 반영되어 있다. 절대 이 정보를 혼자만 알고 있다고 착각하지 마라”
>
> — 존 템플턴

이미 정보는 주가에 반영되어 있다

“뉴스가 중요하다.”

“이 정보를 나만 알겠지.”

투자자가 빠지는 함정을 일컫는 말들이다. 주식 투자자들 사이에서는 정보가 성공의 열쇠며, 수익과 직결된다고 생각한다. 그러나 투자자가 냉정히 고려해야 할 것은 정보란 투자자 한 개인이 독점적 지위에서 초과 수익을 낼 수 있도록 기회를 주는 요술 램프가 아니라는 사실이다.

일반적으로 특종을 알게 되었다고 생각했을 때는 이미 다른 투자자들도 그 정보를 알고 있을 확률이 높으며, 관련 주식에도 해당 정보가 반영되어 있는 경우가 대부분이다.

아직도 투자 시 다른 투자자들보다 더 빨리 정보를 취득하면 독보적인 수익을 창출할 수 있다고 생각하는가?

투자 경험이 적은 투자자들은 매매 시 뉴스 창을 띄워 놓는다. 뉴스가 투자에 호재라고 생각되면, 곧장 매수에 뛰어들어 고점에 사는 경우가 많다. 이러한 투자 행태로 인해 대형 공급계약 체결 예정, M&A, 경영권 분쟁 가능성, 실적 향상, 신제품 출시 등 중요한 뉴스가 흘러나온 날은 대량 거래가 발생한다.

최근에는 뉴스에 의존하는 투자자들의 심리를 이용해 회원으로 가입하면 급등하는 주식과 매수·매도 시점을 즉시 알려준다거나, 내일 급등하는 주식을 전날에 미리 알 수 있다고 유혹한다. 혹시 이런 문자를 받아본 적이 있지 않는가?

> 종목 OOO 내일 급등 예상, 회원님들께는 이미 알려드렸던 종목입니다. 내일 급등 적중하는 것을 보시고, 회원가입은 000-0000-0000으로 문의 바랍니다.

내일의 급등 종목을 미리 예언한다면서 주식 시장이 끝난 이후, 종목을 알려준다. 보통 때라면 그냥 스팸으로 처리하고 무시하지만, '혹시나' 하는 마음에 문자에서 알려줬던 종목을 다음 날 살펴본다. 그랬더니 놀라운 경험을 하게 된다.

어제 문자로 알려준 바로 그 종목이 오늘 상한가를 가는 게 아닌가! 대체 그 문자를 준 사람들은 이런 정보를 어떻게 알았을까? 혹시 진짜 '작전 세력'이 아닐까? 그래서 다음 날 급등 종목에 대한 정보를 미리 알 수 있는 게 아닐까?

하지만 주식시장 거래시간을 이해한다면 이들의 비밀을 알아채는 것은 어렵지 않다. 만일 여러분이 종목명이 거론된 문자를 받는다면?

그날의 시간 외 단일가 가격을 살펴보라. 그러면 십중팔구 시간 외 단일가에서 상한가+10% 또는 상한가에 근접한 급등이 있을 것이다.

이미 주식 시장이 끝난 상황에서 뭔가 급등의 실마리가 있을 때 시간 외 단일가부터 상한가로 매수세가 몰리고, 다음 날 주식 시장이 개장되자마자 더 큰 매수세로 인해 급등하게 되는 경우다.

미국의 한 연구소에서 대학생을 두 그룹으로 나눠 주식 투자 시뮬레이션을 실시했다. 한쪽 그룹에는 매일 대량의 투자 정보를 제공하고, 다른 한쪽에는 전혀 정보를 제공하지 않았다.

그 결과 투자 실적이 좋았던 쪽은 의외로 정보를 받지 못한 그룹이었다. 이 연구 결과는 때때로 정보 과다가 판단력을 흐리게 한다는 사실을 증명한다.

험프리 B. 닐은 "오늘날 우리는 정신적으로 이러저러한 형식의 선전 속에 빠져 지내며, 이들은 수많은 화제를 쏟아낸다. 말할 것도 없이 이들의 선전 목적은 사람들의 생각에 영향을 미치려는 데 있다."라고 말한다.

그러므로 공적인 일이나 경제 문제에서 사물의 두 면을 동시에 바라볼 줄 아는 안목이 필요하다. 그래야만 선동하는 무리가 파놓은 함정을 피할 수 있다.

☆☆☆

우리는 지금 정보의 홍수 속에서 살아가고 있다. 책, 신문, 방송으로도 모자라 하루에도 몇 번씩 인터넷을 오간다. 물론 보잘것없는 정크 같은 정보도 흘러넘친다. 주식 추천을 하는 카페와 유튜브도 난무한다. "가입하고 한 달 만에 손실을 복구해서 현재는 수익이네요."라는 현혹적인 문구로 주식 초보자들을 유혹한다.

주식 시장에서 뉴스는 호재와 악재로 나뉜다. 호재란 증권거래에서 시세 상승의 요인이 되는 재료로, 호재료의 준말이다. 악재는 증권거래에서 시세 하락의 요인이 되는 조건이다.

예를 들어 호재는 A라는 기업이 강력한 중국 모멘텀을 바탕으로 탄탄하게 성장 중이라는 뉴스, B라는 기업이 1Q1월~3월, 1/4분기 실적으로 성장 추세 확인을 알리는 뉴스, C라는 기업이 작년 대비 실적이 200% 증가했다는 뉴스 등을 말한다.

악재는 A라는 기업의 실적이 악화되었다는 뉴스, B라는 기업의 경쟁업체 호재 및 경쟁 격화 뉴스, C라는 기업의 주식을 외국인 및 기관이 매도했다는 뉴스 등을 들 수 있다. 그렇다면 이 경우는 어떨까?

A지주사의 계열사에 B, C, D가 있다. A, B, C, D는 모두 상장되어 있다. 그렇지만 현재 지주사 A를 포함한 전 계열사가 수익 악화로 경영과 재무상태가 불안하여 회사 신용이 낮아져 있다. 만약 지주사 A에서 계열사 중 규모가 큰 C를 매각하려고 한다면 A와 C에게 호재인가? 악재인가?

결론부터 말하자면 호재인지, 악재인지 확실히 알 수 없다. 지주사 입장에서 C가 비싸게 매각된다면 유입되는 현금이 많아지니 호재지만, C가 낮은 가격에 매각된다면 유입되는 자금이 적다보니 악재다.

C의 주가가 고평가인 경우 인수자 입장에서 비싸게 인수했다면 새로운 사업을 위한 자금 투입이 어려울 것이니 악재고, 저렴한 가격으로 인수했다면 설비 투자 여력이 있기에 호재가 된다.

그리고 C의 주가가 저평가인 경우 인수자가 비싸게 인수했다면 미래 주가 전망을 높게 보는 것이므로 주가는 상승할 수 있지만, 낮은 가격에 인수했다면 미래 주가 전망을 낮게 보는 것이므로 주가는 하락할 수 있다.

이는 단순히 텍스트 자체에 의존하여 아무 의심 없이 정보를 읽고 매매하는 것을 자제해야 하는 이유다. 행간을 읽을 능력이 부족하다면 정보를 구별하는 혜안을 키운 후에 매매하기 바란다. 하루가 멀다 하고 이슈는 바뀌고 또 반복된다.

주식 투자에 있어
"미래의 주가를 예상할 수 있다."라고
떠드는 전문가가 있다면,
절대 믿지 마라.
차라리 사당을 차려놓고
주가의 상승을 기도하는 것보다 못하다.

이슈만을 근거로 미래의 주가를 예상할 때, 그 예상은 틀릴 확률이 높다. 정보에 현혹되어 일반 투매를 하지 마라. 그리고 통찰하라. 일반적으로 통찰은 직접적으로 이루어지는 명료하고 즉각적인 이해를 의미한다. 또한 통찰은 자기 자신에 관한 지식이 서서히 그리고 점진적으로 축적된 후에 이루어진다.

통찰은 직감과는 다르다. 사물들의 각양각색 모습 속에서 내용이나 뜻을 정확히 보는 능력을 말한다. 주식 시장에서 온갖 경험을 통해 직관을 터득할 수는 있지만, 통찰은 경험뿐 아니라 학습이 더해지면서 얻어지는 것이다.

다시 한 번 강조한다. 정보 자체를 가공 없이 사실 그대로 받아들이지 마라. 가공하여 통찰해야 한다.

"투자에 있어서 손실과 수익은 투자자를 일생 동안 쫓아다닌다. 조금 과장해서 묘사하면, 성공적인 투자자는 100번 중 51번 수익을 얻고 49번 손실을 본 사람이다. 주식 거래에서의 손실(-)은, 실은 경험상으로 보면 수익(+)이다. 이때 경험이라는 수익은 손실의 원인을 제대로 분석하고 연구했을 때 얻을 수 있다. 사실 수익보다는 손실을 입은 경우에 분석이 훨씬 용이하다."

— 앙드레 코스톨라니

투자 선배의 성공과 실패에서 배워라

매일 투자자는 자신의 돈을 투자하기 위해 엄청난 시간과 노력을 소비한다. 우선 원자재와 환율 동향을 살피고 유망한 업종을 선택한다. 종목을 압축했다면, 그와 관련된 뉴스를 검색하고 각 기업의 분기별 실적을 찾아보는 것도 잊지 않는다. 각 증권방송에서 추천하는 종목들도 빠짐없이 조사한다.

그런 다음 이들 종목 중 상승 탄력이 강하고, 높은 수익을 줄 가능성이 큰 종목을 최종적으로 선별한다. 거래량과 함께 월봉, 주봉, 일봉차트를 자신의 매매 원칙에 맞게 분석하면서 저점 매수를 위한 기회를 엿본다. 또한 볼린저 밴드평균과 표준편차를 이용해 만든 간단한 지표, 일목균형표, 거래량, 보조지표도 참고한다.

이렇게 밤낮으로 공부한 성실한 투자자지만 그래도 잃는다. 아주 값비싼 수업료를 내면서 처절하고 수고롭게 잃는다. 얼마간 수익을 낸다고 하더라도 장기적으로는 항상 주머니가 빈다.

다음은 급등주를 매매하는 한 개인 투자자의 말이다.

"모르는 종목을 공시만 보고 매수했다. 사자마자 상한가에 안착하더니 3일 연속 상한가를 기록해서 3일 만에 120% 수익을 냈다. 그러자 자신만만한 생각이 들어 급등주 연구를 시작했다. 주로 역발상 매매였다. 상한가에 안착하면 매수할 수 없을 것 같은 생각에 상한가로 문을 닫기 전, 몇 호가 전에 매수 잔량이 많은 종목보다는 매도 잔량이 많은 종목만을 골라 매수했다. 이런 매매 방식으로 몇 달간 많은 수익을 냈다. 하지만 매수한 종목이 하한가를 몇 번 맞자 금방 수익이 마이너스가 됐다."

이런 실패하는 투자자들의 투자 방식을 통해 배워야 할 것은 무엇인가.

첫째, 급등주로는 돈을 벌 수 없다. 한 개인 투자자는 투자금의 50%는 장기, 30% 중기, 10% 단기, 10% 급등에 투자한다고 한다. 장기, 중기, 단기를 알 수 있는가? 10%는 잃어도 되는 돈인가? 돈을 벌기 위해 주식 시장에 발을 놓았는데, 왜 그냥 돈을 버리려 하는가?

둘째, 하락장이라면 섣부른 매매는 삼가야 한다. 이때는 되도록 매매를 쉬어라. 시장이 하락 방향이라면 달리는 말도 쉽게 지친다. 무엇보다 하락장에서는 절대로 주식을 베고 잠자리에 들지 말아야 한다.

셋째, 시장을 이기는 종목은 없다. 매매를 하기 위한 첫 걸음은 '매수의 흐름'을 파악해야 한다. 상승장인지, 하락장인지, 횡보장인지, 상승장이라면 상승을 주도하고 있는 대표주는 무엇인지, 하락장이라면 하락을 주도하는 종목은 무엇인지를 알아야 한다.

넷째, 시장의 대장주를 찾아야 한다. 항상 시장에는 주도주가 존재한다. 시가총액이 크고 투자자의 관심이 높은 종목은 주식 시장의 흐름을 선도한다.

성공이 입는 옷은 실패라는 것을 명심하라. 어린아이가 자전거를 배우는 과정을 상상해봐라. 수많은 넘어짐 후에 비로소 균형을 잡게 된다. 자전거를 배우다 넘어져도 다시 일어나 계속 페달 밟기를 시도해야 앞으로 나아갈 수 있듯이, 투자자들도 실패 없이 바로 성공한 투자자가 될 수는 없다.

☆☆☆

논어의 술이편述而篇에서 공자는 "세 사람이 길을 가면 반드시 나의 스승이 있으니, 그중에 선한 자를 가려서 따르고, 선하지 못한 자를 가려서 자신의 잘못을 고쳐야 한다."라고 말했다.

선한 자를 본받는 것은 당연한 일이다. 하지만 선하지 못한 자의 잘못된 부분을 보고 '나는 그런 행동을 하지 말아야지' 하는 생각을 가지는 것도 선한 자를 따르는 것만큼 중요하다는 의미다.

우리는 자신의 주변에 있는 사람들로부터 좋은 점은 배우고 나쁜 점은 경계할 수 있다. 매스컴은 연일 100억 부자 되기 프로젝트에 열을 올리고, 주식 카페나 유튜브에서는 '억' 소리 나는 문구로 투자자들을 현혹한다.

이런 환경에서 조언을 구할 수 있을까? 혹은 새겨들어야 할 충고가 있을까?

"일생의 기회" "보장된" "서둘러야" "정말 쉬운" "시장을 이길 수 있다." "안 하면 후회할 것이다." "내 전부를 걸고 있다." "이런 방법은 아무도 모른다."

이런 충고들은 거의 나쁜 충고들이다. 투자자들이 SNS를 통해 만나게 되는 대부분의 정보들은 사고파는 것을 부추기는 시끄러운 소음뿐이다.

어느 분야든 성공한 사람은 손에 꼽는다. 물론 주식에서도 성공한 사람은 드물다. 많은 투자자들은 이 소수의 성공한 사람들의 이야기에만 귀기울인다.

그러나 이런 사람들의 말보다
주식에 실패한 사람들의 이야기에
더 경청하라고 말하고 싶다.
이를 통해 스스로 경계해야 할 부분들을 배워야 한다.
경험에서 얻은 교훈만큼
절실하게 다가오는 것도 없다.

여러분보다 많은 경험을 가지고 있는 투자 선배들을 통해 혼자서는 확보할 수 없는 온갖 지식과 경험들을 제공받을 수 있다. 특히 혼자서는 경험해본 적이 없었던 것들을 경험하게 도와주며, 혼자서는 이룰 수 없을 정도로 큰 성과를 이룰 수 있게 해준다.

대부분의 투자자들은 주식 잘하는 방법만을 쫓을 뿐 주식 시장과 맞서 싸워 이길 수 있는 본능적인 결정력을 키우는 것은 등한시한다. 투자 선배에게 밥을 달라고 조를 뿐, 반찬을 만들고 상을 차리는 방법은 안중에도 없다.

좁은 시야로 종목만을 추구하니 변화가 없고, 각자의 방식으로 주식 투자에 대한 끊임없는 훈련도 하지 않는다.

투자 선배의 경험을 배우라. 선배들의 경험 뒤에 존재하는 기회를 엿보라. 모두가 금맥을 찾아 떠나라 말할 때, 경험 많은 투자 선배는 여러분에게 금맥을 찾아 나서기보다는 금맥을 찾기 위해 필요한 공구와 청바지를 팔라고 조언할지도 모를 일이다.

"투자자들이 악재에 과민반응을 보이며 보유 주식을 투매하게 되면 매수할 수 있는 저가 주식의 양이 증가하게 된다. 이 주식들이야말로 바겐 헌터의 목표가 된다. 바겐 헌터들은 '감정적인 매도자'들이 제공하는 기회를 최대한 이용할 줄 안다."

— 존 템플턴

45

바겐 헌터가 되어 성장주에 투자하라

A씨는 퇴근 후 밤마다 같은 물건이라도 좀 더 저렴하게 물건을 살 수 있는 사이트를 찾기 위해 시간을 투자한다. 얼마 전까지만 해도 A씨와 같은 소비 패턴을 가진 사람들은 주목받지 못했다. 싼 것은 비지떡이라는 인식이 강했기 때문이다. 하지만 저가이면서도 기능이 우수한 제품들이 쏟아지면서 이런 인식들은 변하기 시작했다.

국내는 물론 해외를 포함하여 이렇게 저렴한 상품을 구입하기 위해 손품을 파는 사람들을 일컬어 바겐 헌터bargain hunter라고 부른다. 원래는 불경기로 인해 가치가 저평가된 부동산이나 증권 등을 사들여 이익을 취하는 사람, 즉 가장 가치 있는 상품을 찾아다니는 투자자를 가리킨다.

존 템플턴은 《가치 투자 전략》에서 이렇게 말하고 있다.

"소외주를 매수하는 것은 낚시를 하는 것과 아주 비슷하다. 때때로 당신은 물고기가 어디에 있는지 어떤 미끼를 사용해야 하는지 잘 알고 있지만, 앉아서 고기가 입질할 때까지 기다려야 한다. 상황이 좋지 않아 물고기가 미끼를 물지 않을 수 있다. 당신도 잘 알다시피 상황은 항상 바뀐다. 물고기가 언제 미끼를 물지 예측할 수 없다. 물고기에게 미끼를 물어야 할 때를 이야기해줄 수도 없다. 하지만 결국 물고기가 물기 시작하면 모든 낚시꾼의 부러움을 살 것이다."

이처럼 존 템플턴은 우리에게 바겐 헌터가 되라고 말하면서 기다림을 조건으로 내세우고 있다. 하지만 투자자는 조급하다. 하루에 1%의 수익이라도 더 얻고자 아우성이다. 현실의 투자자는 주가가 상승하는 종목에 올라타서 하락하기 전에 매도하려 한다. 즉 매매의 정확한 타이밍을 잡기 위해 환상을 파고 있다.

아직도 이런 생각으로 시장 속에서 허둥대고 있는가.
시장의 광풍으로부터 손실의 고통을 줄일 수 있는
바겐 헌터가 되라.
그리고 진정한 바겐 헌터로 거듭나고 싶다면
가치 있는 소외주를 찾아 매수 후 기다려라.

소콜로프 회사의 소외주 투자 사례를 보자.

식료품 체인 업체들이 불황기에 접어들기 시작한 시점에 소콜로프 회사는 식료품 체인 회사인 A기업에 투자를 했다. 이 당시 A기업은 경기 침체와 무리한 사업 확장으로 주가가 80%나 하락해있었다. 모든 투자자들이 외면할 때 소콜로프 회사는 A기업의 재정상태 및 지점들의 상황을 꼼꼼히 살핀 후 과감히 투자를 결정했다. 투자 결정 당시에도 얼마 동안은 성과를 낼 수 없을 거라고 예상했다.

하지만 A기업은 비용 절감 노력 및 다양한 품목 제공으로 단기간에 경영상태가 개선되었다. 이에 따라 주가가 상승하자, 소콜로프 회사와 투자자들은 처음 투자 금액의 몇 배에 달하는 이익을 챙겼다. 다수의 투자자들보다 더 나은 실적을 달성하기를 원하는가?

그렇다면 그들과 다르게 생각하고 행동하라.

☆☆☆

필립 피셔는 성장주에 투자하라고 강조했다.

"위대한 기업, 즉 현재 주가가 비싸더라도 뛰어난 성장 잠재력을 지닌 기업을 발굴해 장기 투자하면 반드시 큰 수익이 돌아온다. 비싸게 사서 더 비싸게 팔면 된다."

성장주의 일반적 의미는 현재보다 앞으로 성장할 가능성이 큰 종목을 말한다. 즉 현재로서는 그다지 성장을 하고 있지 않지만 기업의 수익 구조가 지속적으로 향상되고 있어, 장기간에 걸쳐 주가가 큰 폭으로 상승할 여지가 있는 주식이다.

성장주는 주가가 아닌 기업을 보고 판단해야 한다. 얼핏 들으면 가치 투자를 설명하는 걸로 생각할 수 있지만, 여기서 말하는 성장주는 가치 투자와는 다른 개념이다. 성장주 투자를 대표하는 필립 피셔와 가치 투자를 대표하는 벤저민 그레이엄의 투자 방식을 통해 이 두 개념의 차이를 비교해보자.

벤저민 그레이엄은 투자할 기업과 같은 업종의 타 기업을 비교해 회사의 수익증가율이 높은가, 회사의 매출과 수익이 장기적으로 증가하고 있는가, 회사의 자기자본이익률이 양호한가, 부채비율이 낮은가, 회사의 배당이 꾸준한가, 주가가 주당순이익이나 주당장부가액에 비해 적정한가 등을 기준으로 가치 투자할 기업을 선정한다.

하지만 필립 피셔는 주당장부가액보다 주가가 높다고 하더라도 적정한 가격이라면 투자한다. 장부에 표시된 숫자보다는 CEO의 능력과 연구개발 투자 등 잠재된 역량을 파악하여 투자할 성장주 기업을 선별한다.

필립 피셔의 《위대한 기업에 투자하라》에서는 성장주 투자 기업을 찾는 15대 원칙을 나열하고 있다.

1. 향후 매출액이 상당히 늘어날 만큼 충분한 시장 잠재력을 갖춘 제품이나 서비스를 보유했는가.
2. 최고 경영진은 시장이 어려울 때 매출액을 더 늘릴 수 있는 신제품, 신기술에 대한 개발 의지가 있는가.
3. 생산적인 연구개발 노력이 이뤄지고 있는가.
4. 평균 수준 이상의 영업 조직을 갖고 있는가.
5. 영업이익률은 충분히 거두고 있는가.

6. 영업이익률 개선을 위해 무엇을 하고 있는가.

7. 원만한 노사관계를 유지하고 있는가.

8. 임원들 간에 훌륭한 관계가 유지되고 있는가.

9. 두터운 기업 경영진을 확보하고 있는가.

10. 원가 분석과 회계관리 능력은 얼마나 우수한가.

11. 경쟁 업체보다 뛰어난 별도의 사업 부문을 갖고 있는가.

12. 이익을 바라보는 시각이 단기적인가 아니면 장기적인가.

13. 미래 증자 계획이 현재 주주가 누리는 이익을 희석시킬 가능성은 없는가.

14. 경영진은 순조로울 때는 투자자들과 자유롭게 대화하지만, 문제가 발생하면 입을 다물어 버리지는 않는가.

15. 의문의 여지가 없을 정도로 진실한 최고 경영진이 존재하는가.

가치 투자는 '쌀 때 사서 비쌀 때 팔라'는 의미고 성장주 투자는 '비싸게 사서 더 비싸게 팔라'는 의미다. 그렇지만 가치 투자와 성장주 투자가 서로 양분되어 대립하고 있는 것은 아니다. 우리가 일반적으로 가치 투자의 귀재로 알고 있는 워런 버핏도 실은 성장 지향에 가까운 가치 투자자다.

투자 시 중요한 것은 주가가 합리적인 가격으로 거래되고 있는가다. 기업의 성장을 '시장이 합리적으로 주가에 반영하고 있는가'를 평가 기준으로 삼은 때도 있었고, '주가가 적정한 가치로 거래되는가'를 평가 기준으로 삼은 때도 있었다. 가치 투자든 성장주 투자든 투자자 자신에게 맞는 투자 원칙을 선택해 투자하라.

"신기술은 당구공과 비슷하다. 신기술은 다른 신기술이나 새로운 시장 같은 것을 때릴 때 흥미로울 수 있다. 그러니까 작용과 반작용이 흥미로운 것이다. 그런 일이 일어나야만 신기술 트렌드는 현실성을 가질 수 있다. 시장이라는 바깥으로 나와야만 한다. 그리고 다른 신기술과 충돌해야 한다."

— 샘 힐

46

장기 투자하려면 대수의 법칙, 특이점을 찾아라

사람의 성장 단계는 유아기부터 청소년기, 성년기, 중장년기로 나뉜다. 각 단계별 성장 속도는 일정하지 않으며, 청소년기에는 급속한 성장을 하다가 성년기에 접어들면서 성장이 정체된다. 이러한 사람의 성장 단계에서 유래된 이론이 S자형 투자이론이다.

S자형 투자이론은 모든 신기술과 점유율이 10%만 보급되면 급속히 퍼져 나가다 90%에 도달하면 성장이 정체된다고 설명한다.

즉 신기술이 개발되고 10% 보급 이전 성장 초기 단계에서는 유아기처럼 성장 기반과 경제 기반을 다진다. 10% 이후부터 90% 보급까지는 청소년기에 해당하는 기간으로 성장 의욕이 급속히 고취되면서 놀라운 성

자동차의 S곡선

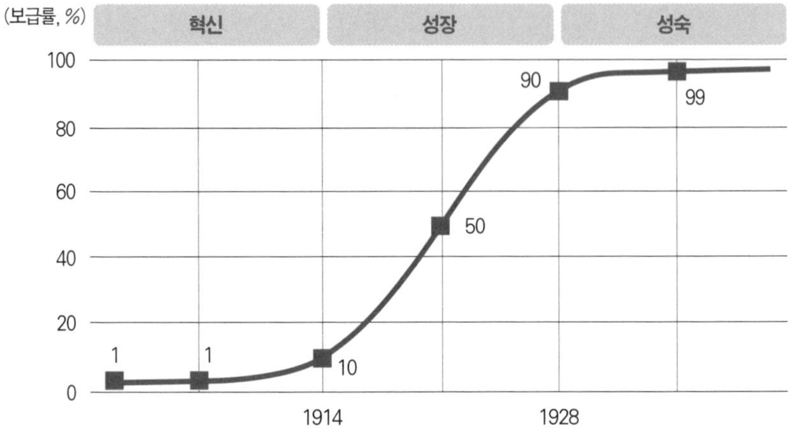

장 속도를 낸다. 그러다가 90% 보급 이후에는 각종 비용이 발생하면서 체증의 법칙이 적용되어, 기대 수준을 뛰어넘는 신기술이나 제품이 개발되지 않는다면 성장이 정체된다.

자동차 산업을 예로 들어 설명해보면, 현재의 자동차 원형이 처음 발명된 해는 1885년이며, 자동차의 대량 생산이 시작된 것은 1900년대 초반으로 이때 자동차 보급률은 10%였다. 이 기간은 S자형 투자이론에 의하면 유아기에 해당하고 성장의 발판을 마련하는 시기다.

그후 자동차의 수요는 기하급수적으로 증가해 14년 만에 보급률이 90%에 이르렀다. 이 기간은 청소년기에 해당하고 '대수의 법칙law of large numbers'이 적용되는 시기다. 대수의 법칙이란 50억 원이던 기업의 매출이 25억 원 상승하여 다음 해 75억 원이 될 경우 매출 증가율은 50%다. 이 기업이 그 다음해에 매출이 50% 성장하려면 37억 원의 매출 상승이 필요하고, 그 다음해에는 75억 원으로 늘어나야 한다는 이론이다.

결국 S자형 투자이론에 따른다면 신기술 또는 신제품이 유아기인 성장 초기 불확실한 상황에서 일단 보급률이 10%에 도달하면, 청소년기에 이르러 대수의 법칙이 적용되며 기하급수적인 성장을 보이게 된다고 할 수 있다.

따라서 투자자는 그런 신기술 또는 신제품을 보유하고 있는 기업에 중·장기적인 안목으로 투자할 경우 높은 수익을 기대해볼 수 있다. 또한 보급률 90%에 도달하여 성년기에 도달한 기업이 새로운 전략과 기술로 시장의 흐름을 주도하지 못한다면, 소니전자가 그랬던 것처럼 몰락할 수밖에 없다. 그래서 이러한 기업에 투자하는 것은 지양해야 한다.

☆☆☆

수학 이론 중에 시그모이드 곡선Sigmoid Curve이라는 게 있다. '생명주기 곡선'을 가리키는 용어다. 기업이든 국가든 상품이든 시작과 끝이 있는 모든 것은 도입기, 성장기, 성숙기를 거쳐 소멸해간다.

성장 곡선은 도입기에는 느린 속도로 움직이지만 일단 성장 궤도에 진입하면 빠른 속도로 움직이다가 성숙 단계에 이르면 다시 속도가 느려진다. 여기서 새로운 동력을 얻지 못하면 소멸한다.

이것을 느린 시작 단계slow beginning, 빠른 가속 단계speed acceleration라고 부르며, 이후의 느린 성장 단계를 고지 단계plateau로 부른다. 고지 단계는 성숙기의 다른 표현이다. 시간을 X축, 성장률을 Y축이라고 하면 성장 곡선은 영문 대문자 'S'를 오른쪽으로 비스듬하게 눕혀 놓은 형태를 보인다. 그래서 생명주기 곡선을 S곡선이라 부르기도 한다.

생명주기 곡선에는 두 번의 위험이 도사리고 있다. 하나는 도입기와 성장기 사이에 있는 특이점singular point이며, 다른 하나는 성장기와 성숙기 사이에 있는 변곡점Inflection Point이다.

특이점singular point이란
스위치를 on-off를 할 때처럼
사느냐 죽느냐의 갈림길로,
상품에 따라 차이가 있으나
대략 보급률 10%대를 가리킨다.
그 시점이 사느냐 죽느냐의 갈림길이라는 것이다.
처음 10%의 사람들이 수용할 때까지는 뜸을 들이지만
일단 특이점을 통과하면 빠르게 수용된다.

변곡점Inflection Point이란 성장기와 성숙기 사이에 존재하는 점으로 성장세가 둔화되기 시작하는 시점을 가리킨다. 이 시기에 새로운 추진력을 얻지 못하면 소멸되고 만다. 이 두 번의 위기를 넘기는 기업이 우량기업이다.

새로운 기술이나 상품이 나타나 초기 수용자들에 의해 수용되는 도입기에는 성장 속도가 아주 느리다. 그래서 처음 10%의 소비자 계층에 보급될 때까지의 시간이, 10~90%의 소비자들에게 수용될 때까지의 시간과 거의 일치한다.

외국어 공부도 좋은 사례일 것이다. 처음 외국어를 배우기 시작하는 단계에서는 진도가 아주 느리다. 하지만 일단 그 단계를 지나면 성장 궤도에 올라 외국어의 70~80%를 이해하기까지 빠른 속도로 진행된다. 그러나 거기서부터는 다시 느려진다. 외국인들이 던지는 농담을 완전히 알아듣기까지는 다시 많은 시간이 걸린다는 것이다.

그러나 S자 성장 곡선이 한 줄기의 큰 획으로 그려지는 것은 아니다. 큰 S자는 다시 여러 개의 작은 S자로 분할되어 이어진다. 이때가 기업으로서는 고비를 맞는 시기다.

한 기업이 흐름을 지속적으로 주도하려면 성장세가 둔화되기 시작할 무렵, 다시 말하면 하향 추세가 나타나기 이전에 새로운 S커브를 발전시켜 새로운 동력을 만들어야 한다.

하지만 많은 기업들이 여기서 실패한다. 기업들이 새로운 동력을 찾아나서는 시점이 성장이 둔화되는 시점이 아니라, 이미 하향 곡선을 그리기 시작하는 시점이기 때문이다.

성장 곡선을 그릴 수 있는 것은 그래도 성공적인 상품이나 기업인 경우에 국한된다. 대부분의 상품이나 기업은 특이점인 10%대에 이르지 못하고 사라진다. 하루에도 수많은 상품이 태어나지만 10%대를 넘기는 것은 극소수에 불과하다.

특이점을 돌파했느냐 아니냐는 일단 손익분기점을 보면 된다. 일반적으로 순익이 발생하는 시점이 특이점이다. 따라서 특정 기업이나 상품의 성장 잠재력을 보려면 손익분기점의 매출을 보면 간단해진다. 손익분기점을 돌파한 기업의 성장 잠재력은 손익분기점 시점의 매출에서 대략 7~8배 정도 성장 여력을 남겨두고 있다.

주식 시장에서도 장기 투자를 하는 사람들에게 필요한 것은 이제 막 10%대의 특이점을 넘어선 기업, 혹은 10%대 진입이 확실한 기업의 주식을 찾아내는 일이다. 어느 신생 기업이 5년 만에 특이점을 돌파했다면 앞으로 5년 동안에 7~8배 정도 더 성장할 수 있다는 이야기이기 때문이다.

이것이 투자의 노하우다.

> "내재 가치와 안전마진의 관점에서 저평가되었거나, 제대로 평가받지 못하고 소외된 주식을 매수하라."
>
> — 피터 컨딜

리스크를 인지하고 안전마진을 기억하라

매주 같은 번호로 로또를 구매하는 사람이 있다고 하자. 하지만 한 번도 당첨되지 못했다. 이때 한 친구가 새로운 번호를 제안한다면, 그는 로또 번호를 변경할까?

당첨될 확률은 동일하지만 후회할 가능성은 두 가지다.

첫 번째는 제안을 받아들여 새로운 번호로 변경했는데 기존의 번호가 당첨된 경우다. 번호를 변경한 행위에 대해서 후회를 하게 된다.

두 번째는 기존의 번호를 고수했는데 새로운 번호가 당첨되었다면, 번호를 변경하지 않은 행위에 대해서 후회를 하게 된다.

주식 투자에 있어서도 비슷하다. 예컨대 개인 투자자가 A종목을 보유 중인데 손실을 보고 있는 중이다. 눈여겨보던 B종목이 있지만, A종목을 팔고 B종목으로 교체하는 행위를 쉽게 할 수 있을까?

상승 확률과 하락 확률은 동일하지만, 후회할 가능성은 두 가지다.

첫 번째는 A종목을 매도한 후 B종목을 매수했는데, A종목이 상승하고 B종목이 하락했다면 교체 매매를 한 행위에 대해서 후회를 한다.

두 번째는 B종목을 매수하지 않고 A종목을 계속해서 보유했는데, B종목은 상승하고 보유 중인 A종목이 하락한 경우다. 이때는 교체 매매를 하지 않음으로써 얻은 결과에 대해 후회하게 될 것이다.

개인 투자자가 심리적으로 느끼는 후회의 고통은 어느 쪽이 더 클까?

존 노프싱어는 《투자의 심리학》에서 한 연구 결과를 소개했다.

"마크 그린블래트와 매티 케로하주 교수는 1995년에서 1996년에 걸쳐 핀란드의 모든 주식 거래를 조사했다. 그들은 지난주의 수익률이 높으면 이번 주에 투자자의 매도 성향이 두드러지게 증가한다는 사실을 밝혀냈다. 반면에 주가의 대폭적인 하락은 주식의 보유 확률을 크게 증가시켰다. 또한 투자 이익이나 손실이 최근에 발생할수록 이익 종목을 매도하고 손실 종목을 보유하려는 성향이 더욱 강해졌다."

결론적으로 위의 예시에서 A종목을 계속 보유했을 때 B종목이 상승한 경우와 B종목으로 교체 매매를 했을 때 A종목이 상승한 경우, 개인 투자자가 얻은 후회의 고통은 대부분 후자가 더 크다.

개인 투자자는 이러한 후회의 가능성을 회피하고자 손실 종목은 계속 보유하려고 하고, 이익 종목은 매도하여 이익 실현을 통해 만족감을 추구하려고 한다. 이런 후회 회피 성향으로 인해 선택의 순간에 투자자들은 적극적으로 행동하지 못한다.

하지만 주식 투자는 리스크가 크다는 걸 인지하고 후회의 가능성을 즐긴다면 어떨까?

이익 종목은 서둘러서 만족감을 추구하기보다는 최대한 길게 가져간다면 또 어떨까?

가능성까지도 즐기는 투자자는 이성적인 판단을 내렸을 때 바로 행동으로 옮길 수 있다.

☆☆☆

안전마진의 원칙은 벤저민 그레이엄이 주장한 투자 원칙에 있어서 가장 중요한 요소다. 또한 워런 버핏도 "투자의 제1원칙, 절대로 돈을 잃지 마라. 투자의 제2원칙, 제1원칙을 절대 잊지 마라."고 말한다.

이는 일시적으로라도 손실이 발생하면 안 된다는 의미가 아니고, 투자 대상의 가치보다 낮은 가격에 매입해 안전마진을 확보하라는 의미로 해석할 수 있다.

안전마진의 '안전'은 "더 떨어지지 않는다."이고, '마진'은 "수익을 얻는다."이다. 가령 100억 원의 가치를 지닌 기업의 주식을 70억 원의 시세로 매입할 수 있다면 매입한 순간 30억 원의 수익을 확보하는 셈이다.

안전마진 투자의 중요성을 'The Journal of Portfolio Management'에 발표한 논문 〈Analyzing Valuation Measures〉의 내용은 이렇다.

1963년부터 2013년까지 미국 중대형주만을 대상으로 EBIT/TEV를 바탕으로 종목들을 10분위로 나누었다. 여기서 EBITEarnings Before interest and Taxes는 회계처리상 영업외수익 및 영업외비용으로 처리되었더라도 그것이 영업활동과 관련된 수익비용이라면 영업이익으로 본다는 것이고, TEVTraditional Enterprise Value는 전통형 기업 가치를 말하다.

그리고 가치주EBIT/TEV순위 1-100위인 1분위에서 무작위로 선택한 30개 종목의 포트폴리오와 성장주EBIT/TEV순위 901~1,000위인 10분위에서 무작위로 선택한 30개 종목의 포트폴리오를 가지고 1,000회의 시뮬레이션을 수행했다.

그후 수행한 시뮬레이션에서 가치주 매수자와 성장주 매수자가 달성한 수익률을 산출했다. 또한 복리 연간성장률CAGR, 표준편차, 고점 대비 최대 낙폭을 계산했다. 1,000회의 전체 시뮬레이션 결과, 30개의 성장주로 구성된 포트폴리오가 30개의 가치주로 구성된 포트폴리오보다 더 좋은 성과를 보이지 않았다.

위 연구는 30개의 성장주 종목으로 구성된 포트폴리오가 30개의 가치주 종목으로 구성된 포트폴리오보다 좋은 성과를 보이는 시나리오를 만들 수 없다는 결론에 도달한다.

즉 투자자들이 왜 포트폴리오에 가치주나 성장주 종목을 편입시키는지 이해할 수 없음을 보여주면서, 오직 안전마진만이 진정으로 중요한 투자 규칙임을 증명했다.

안전마진이란

내재 가치 대비 저평가된 주식을 매수하는 것이다.

투자자가 매수한 종목이 하락했을 때

무조건 매도할 것이 아니라,

종목을 재분석해 안전마진이 확보되었다면

오히려 추가 매수해야 한다.

만약 아파트를 소유하기 전이라면 사고 싶은 아파트가 주변 시세보다 가격이 떨어지기를 기대하는가, 올라가기를 기대하는가. 또는 소유한 이후에는 아파트 가격이 올라가기를 바라는가, 떨어지기를 바라는가. 주식도 똑같은 가격 논리가 적용된다.

투자자는 기업의 내재 가치를 분석할 수 있는 능력과 정보를 가져야 한다. 그렇다고 치밀하고 완벽할 필요는 없다.

단지, 100억의 가치가 있는 기업을 95억에 사려고 하지 마라. 충분한 안전마진을 가져라.

"성공적인 투자자들의 비밀 중 하나는 그들이 매도해야만 할 때 매도하는 것이 아니라, 매도하고 싶을 때 매도하는 것이다. 매도해야만 하는 상황이 생길 투자자들은 단기 국채나 예금에만 투자해야 한다."

— 세스 클라먼

48

제발 여윳돈으로 투자하고, 자금을 관리하라

주식 투자를 하다보면 매도할 상황이 아닌 데도 투자자 스스로 매도해야 할 상황을 만드는 경우를 종종 보게 된다. 여윳돈이 아닌 써야 할 목적이 확실한 돈으로 주식 투자를 한 경우가 대부분이다. 그런 사람들을 보면 "여윳돈으로 투자하라."는 주식 격언이 더 이상 진부하지 않다.

여윳돈이 없다면 투자하지 마라는 의미는 아니다. 신용이나 미수, 스탁론, 카드, 사채 등을 이용해 대출을 받아서 투자하지 마라는 의미다.

'기다림'은 주식 투자에 있어 필수 불가결한 요소다. 기다리기 위해서는 쫓기지 않아야 한다. 수익인지 손실인지 매순간 계좌를 확인하고, 그 결과에 따라 기분이 좋아지고 우울해지는 현상이 반복된다면 이것은 충동 매매를 했다는 반증이다. 이런 상황이 자주 반복된다면 주식 투자로 성공할 확률은 그만큼 낮아진다.

용도가 정해져 있는 자금으로 잠시 동안 주식 투자로 돈을 불려보겠다는 안일한 생각은 버려라. 이런 자금은 입출금이 자유로운 예금이 좋다. 무모하게 주식 투자를 하게 되면 투자가 아닌 투기로 변질될 우려가 크다. 무엇보다 기간이 정해져 있기 때문에 심리적인 부담감을 이기지 못한다. 스스로를 매도해야 할 상황으로 몰아가지 말아야 한다. 주식 투자자는 자금과 시간에 쫓기면 절대 안 된다.

앙드레 코스톨라니는 "주식 투자는 이익과 손실이 공존하는 게임이다."라고 말했다. 그런 게임에서 자금을 자유자재로 운용할 수 없다면 게임에서 질 확률은 더 높아진다.

가령 A라는 투자자가 미수를 이용한 투자를 했다면 어떻게 될까?

미수는 주어진 시간이 3일뿐이다. 손실로 머뭇거리다가 매도 기회를 놓쳤다면, 3일이 되는 날 장 시작 전 동시호가에서 자동적으로 반대 매매가 일어난다.

위탁계좌에 돈만 있으면 이용할 수 있는 스탁론을 썼다면 어떻게 될까?

매달 이자 부담을 안고서 매매해야 한다. 그뿐만이 아니다. 매수한 종목이 하락한다면 로스컷 위험을 안고서 매매를 이어 가야 할 것이다.

신용을 이용했다면 어떻게 될까?

주가가 오른다면 더 많은 이익을 챙길 수 있지만, 하락한다면 더 많은 손실을 떠안아야 할 것이다.

돈은 시간 가치를 포함한다.
여윳돈이 아니라면
단기 매매일수록 심리적으로 지게 된다.
그러다 보면 주식 투자의 막차를 타게 된다.

주식 투자에 있어 성공하고 생존하는 데 필요한 핵심 요소는 투자 심리다. 따라서 스스로를 심리적으로 구속시키고 있다면 매매에서 뒤로 한 발 물러서야 한다.

☆☆☆

주식 투자를 하는 투자자라면 더 이상 말이 필요 없을 정도로 종목 선택이 얼마나 중요한지 알 것이다. 하지만 현금을 하나의 종목처럼 여기는 투자자는 별로 없다.

누구나 주식을 처음 시작할 때는 일정 비율은 현금을 보유하려 노력한다. 하지만 막상 주식 투자를 시작하게 되면 계좌엔 현금은 없고 종목만 존재한다. 그러면서 투자하고 싶은 종목이 상승하고 있으면 "왜 동승하지 못했을까?" 하고 자책한다.

현금비율이 '0'이니 다른 종목을 매수하기 위해서는 보유 중인 종목을 팔아야 한다. 그러고 나면 빈번한 매매로 손실을 보는 경우가 허다하다. 빈 깡통이 더 요란하듯 자신의 매매 실력을 명확히 인지하지 못했기 때문일 수도 있고, 자신의 그릇을 초과하는 수익이나 손실이 발생할 경우

스스로 감당할 만한 내공이 부족해서일 수도 있다.

하지만 간과하지 말아야 할 것은 충분한 현금 비율을 유지해야 하는데도 그렇지 못했기 때문에 빚어진 결과일 수도 있다.

이런 개인 투자자들은 현금이 부족하다 여겨 미수나 신용, 스탁론 등을 이용하여 투자금을 높이면 레버리지 효과로 단기간 내에 큰 수익을 낼 수 있다고 생각한다.

하지만 무리한 투자를 한 결과 큰 손실을 입는 경우가 다반사다. 주식에 입문했던 모든 투자자들이 한 번은 경험했을 것이다. 이미 답을 알고 있으면서도 막무가내식으로 자금만 있으면 현재보다 더 많은 이익을 창출할 수 있을 거라 믿었던 경험 말이다.

무식하면 용감하다 했던가. 미수와 신용을 사용하게 되는 투자자들은 대개가 원금 대비 손실을 보고 있거나, 투자금이 부족하다고 여기는 투자자들이다. 그래서 이성적 판단보다는 감정에 지배당하기 쉬우며, 이익만을 생각하고 손실은 저 멀리에 있다. 그럼 이제부터 미수와 신용이 얼마나 무서운 것인지 알아보자.

미수는 종목별 증거금을 100%, 50%, 40%, 30% 등에 따라 계좌에 입금된 현금을 초과하여 주문을 할 수 있는데, 그 초과 부분을 미수라고 한다. 또한 미수금은 결제일부터 변제일까지 마이너스로 표기되는 날짜만큼 연 12%로 이자를 계산하여 변제 시 자동으로 계좌에서 징수된다.

예컨대 증거금율 100% 종목은 100만 원으로 100만 원어치의 주식을 매수할 수 있고, 증거금율 50% 종목은 100만 원으로 200만 원어치의 주식을 매수할 수 있다.

증거금	30%	40%	50%	100%
100만 원	330만 원	250만 원	200만 원	100만 원
레버리지	3.3배	2.5배	2배	1배
수익(10%)	+33%	+25%	+20%	+10%
손실(10%)	- 33%	- 25%	- 20%	- 10%

주식은 매수한 이후 다다음 영업일에 결제가 이루어지므로, 증거금율 50% 종목의 경우 100만 원으로 200만 원어치의 주식을 매수했다면 결제일인 다다음 영업일까지 나머지 금액 100만 원을 정산해야 한다. 만약 결제일까지 증권 회사에서 차입한 자금을 변제하지 못한 경우라면 다음 영업일에 보유 주식에 대한 반대 매매가 실행된다. 동시호가 기준으로 손실을 보고 있는 경우에도 자동으로 매도된다.

주식 매매 시 이익을 계산하기 전에 손실이 날 경우를 먼저 계산하기 바란다. 그러면 미수와 신용을 사용한 거래가 얼마나 어리석은 거래인지를 깨닫게 될 것이다.

또한 결제일에 10만 원 이상 미수가 발생하고 당일에 변제가 되지 않았다면 30일간 미수 사용이 제한되는 미수동결 계좌제도의 적용을 받는다. 이 제도는 동일 명의의 전 증권사 계좌에 해당되는 포괄적인 조치다. 즉 미수가 발생하지 않은 타 계좌에서도 미수 매매가 금지된다.

증권계좌에서 신용계좌 설정보증금 100만 원을 신용보증 금액으로 예치하면 신용계좌 개설이 가능하다. 신용설정보증금 100만 원은 신용계좌 해지 시까지 '처분제한금'으로 설정되어 출금이 불가하고 예수금으로써 주식 주문 가능 금액으로 사용이 가능하다. 신용계좌 해지 시에는 신용보증금은 실시간으로 출금 가능 금액으로 전환되며, 신용계좌에서는 미수 사용은 불가능하다.

각 증권사마다 종목의 위험 리스크에 따라 증거금율을 정하고 있는데 이것은 현금을 가지고 살 수 있는 주식 비율을 말한다. 쉽게 말하자면 증거금율 40%라면 40%의 현금으로 살 수 있다는 것으로, 만약 100만 원으로 증거금율이 40%인 A주식을 매수한다고 할 때 40%의 현금이 필요하다는 의미다. 이 경우 신용으로 A주식을 매수하는 데 250만 원어치 주식을 매수할 수 있게 되어 2.5배까지 가능하게 된다.

증권사별로 약간의 차이는 있으나 신용은 기본적으로 사용 기간이 90일이며, 90일 추가 연장이 가능하다. 미수보다는 신용이 기간의 이익을 효율적으로 활용 가능하다고 믿어 신용을 선호하는 투자자들이 많이 존재한다.

하지만 주식은 럭비공 같아서 어디로 튈지 아무도 모른다. 미수나 신용을 이용하여 주식을 매수한 후 주가가 하락한다면, 현금으로 매수했을 때보다 훨씬 많은 손실을 입게 된다. 100% 확신을 가지고 주식 투자를 하는 사람이 어디 있겠는가?

필히 여러분은 현금도 하나의 종목임을 뼛속 깊이 새기고 매매를 실천하기 바란다.

> "주식 투자의 최종 목적은 돈을 버는 것이 아니다. 가족의 행복을 얻는 것이다. 당신의 가족은 언제나 당신을 지켜보고 있다."
>
> — 제시 리버모어

수익률보다 가족의 행복지수가 높아야 한다

공자에게 제자 자공이 물었다.

"스승님, 자장과 자하 가운데 누가 낫습니까?"

자장과 자하 모두 공자의 제자였다.

"자장은 지나치고, 자하는 미치지 못하지."

이에 자공이 반문한다.

"그럼 자장이 낫습니까?"

"지나침은 미치지 못함과 같으니라."

과유불급過猶不及은 논어 선진편에 나오는 말로 지나친 것은 미치지 못한 것과 같다는 뜻이다. 주식 시장에서도 지나친 욕심을 경계하라는 의미로 자주 사용된다.

한 개인 투자자는 "나는 항상 성공했다. 나의 예측은 적중률이 높았고, 많은 사람들이 나를 따랐다. 하지만 나중에는 모든 돈을 잃고 말았다."라고 말한 적이 있다. 왜 이런 결과를 낳았을까?

투자자들은 시장을 다 알아야 한다고들 생각한다. 이런 욕심이 투자를 망친다. 이제까지 강조한 것처럼 시장은 주정뱅이의 갈지자 걸음걸이며 럭비공 같아서 예측의 영역이 아니다. 모든 투자자들의 치명적인 오류는 욕심에서 비롯된다. 어쩌다 몇 번 추정치에 근접하면, 그때부터 욕심이 돋아난다. 그런 욕심이 심리적 편견과 자만을 부른다.

편견은 공정하지 못하고 한쪽으로 치우친 사고나 견해를 말한다. 그 특징으로는 **첫째, 불충분하고 부정확한 근거에 기초한다. 둘째, 본인만의 가치 기준에 따라 긍정적 평가 혹은 부정적 평가를 내린다. 셋째, 비논리적이고 감정적인 저항을 표출한다.**

개인 투자자들은 부정확한 정보를 바탕으로 투자를 결정해야 하는 것이 현실이다. 하지만 자신이 인지하고 있는 정보의 정확성과 중요성을 과대평가하면서 편견이 생긴다. 수많은 종목 중에는 상승 종목과 하락 종목이 있다. 10개의 종목 중에 상승 종목이 8개, 하락 종목이 2개 있어도 편견을 가진 투자자는 하락 종목을 매수하게 된다.

가령 겉모습은 동일하게 보일지라도 수많은 종목들 중에 거짓 종목과 참 종목이 있다. 참 종목은 매수 기회를 주지 않고 금방 도망가 버린다. 하지만 거짓 종목은 친절하게도 매수하라고 손짓까지 하면서 기다려준다. 참 종목은 매수 타이밍을 잡기도 쉽지 않다. 매수하려는 찰나에

100m 달리기 선수라도 되는 듯 어느새 꼭지에 가 있다. 반면 거짓 종목은 여전히 손짓을 하면서 매수 기회를 준다. 하지만 매수를 한 순간부터 아래로 곤두박질친다.

결국 참 종목에 올라타는 투자자는 드물고, 거짓 종목에 올라타는 투자자는 많다. 운이 없어서 이런 결과가 생긴다고 보는가.

자만은 자신이나 자신과 관련 있는 것을 스스로 자랑하며 뽐내는 것을 말한다. 롱텀캐피털 매니지먼트 사의 사례를 통해 자만이 어떤 파국을 초래하는지 알아보자.

미국의 헤지펀드 LTCM은 유명한 채권중개인, 노벨 경제학상 수상자 등 24명의 박사학위 소지자를 고용했다. 이 회사는 1994년에 설립되어 엄청난 수익을 거두었다.

1998년 초에 자본이 40억 달러에 달했으나, 보다 큰 수익을 얻기 위해 1,000억 달러를 차입하여 투자금을 확대했다. 하지만 러시아와 개도국들의 불안한 경제 상황으로 세계 각국의 주식과 채권 시장은 붕괴했다. LTCM의 자본금은 한 달 만에 40억 달러에서 6억 달러로 감소했다. 우수한 두뇌 집단이 운영했던 헤지펀드가 어떻게 한 달 만에 자본금의 90%를 날리게 되었을까?

그릇은 가득차면 넘치고 인간이 자만하면 이지러진다는 말이 있다. 성공 투자를 하고 싶다면 욕심을 경계하고, 심리적 편견을 극복하며, 자만을 버려라. 스스로 걷는 자만이 앞으로 나아갈 수 있다. 투자의 길이 어렵더라도 담대하게 개척해나가라.

☆☆☆

대부분의 투자자는 주식에 투자한 이후 하락의 걱정 속에 파묻혀 가장 가까운 가족의 존재를 무시하기 쉽다. 주식과의 데이트는 습관처럼 매일 하면서 내 아이와 아내에게는 먼 존재가 되어 간다. 투자자의 삶 또한 주식의 등락폭에 따라 움직이면서 가족에게는 제멋대로 등한시하는 경향이 있다.

혹시 석양을 보겠다고 하면서 서쪽이 아닌 동쪽을 향해 달려가고 있지는 않은지, 잠시 숨을 돌리며 점검해보라.

주식 투자의 여정이 시작된 후
휴식도 없었고,
수익률과 투자 방식을 점검하지도 않았으며,
아내와 아이가 귀찮은 존재로 전락했다면
주식 여행을 마감해야 한다.

여기 어느 투자자의 이야기를 교훈 삼아 들어보자.

한 아내의 남편이자 한 아이의 아빠로서 성실한 가장이었던 A씨는 어떻게 시작했는지도 모르게 주식에 빠져들었다. 5년 정도 주식과 씨름을 하면서 외출도 삼가고, 덥수룩한 머리를 한 채 컴퓨터만 들여다볼 뿐, 아내와 아이를 위해 시간을 보내지는 않았다. 아이를 낳고부터 주식을 시작했으니 5년이라는 시간이 흘렀음에도 불구하고 아이와 함께 놀아

준 시간은 손가락을 꼽을 정도였다.

어느 날 아내는 일터로 가고 A씨는 여전히 골방에 앉아 HTS를 보면서 매매를 이어 가고 있는데, 아이의 우는 소리가 들렸다. 여느 때처럼 울다 말겠지 넘어가려 했지만 이번에는 그 정도가 달랐다. 아이의 상태가 점점 나빠져 경기를 일으키다가 이제는 울음소리까지 들리지 않으니, A씨는 아이를 안고 병원으로 달렸다.

검사를 해보니 뇌에 물이 차고 뇌압이 높은 편이서 수술을 해야 한다는 설명과 함께, 자폐 증상이 심하다는 진단을 받았다. A씨는 이 사건을 계기로 주식을 절대 하지 않는다고 했다.

주식은 잃은 돈보다 딴 돈이 많으면 성공하는 투자다. 하지만 가족 간 친밀한 관계를 구축하고 유지하는 것은 평생의 시간이 걸리는 일이다. 주식 투자 중에도 환희와 고통을 맛보기도 하지만, 가족에겐 그 외의 진한 친밀감과 교감을 느낄 수 있다.

내 아내와 아이를 지키기 위해 주식 투자를 하고 있는가? 주식 투자로 성공해서 "내 아내와 아이를 행복하게 해주겠어."라고 다짐만 할 뿐 결과가 없는가?

그렇다면 주식 투자를 접고 가족과 여행을 떠나보라. 돈이 먼저라는 생각을 벗어 던지고 아내와 아이가 원하는 사랑, 친밀함, 서로에 대한 존중을 주어라.

체코의 극작가 겸 인권 운동가이며, 대통령을 역임하기도 했던 바츨라프 하벨은 이런 글을 남겼다.

"나는 영원히 사라지는 것은 없다고 믿으며 그것은 행동도 마찬가지다. 그렇기 때문에 인생에서 분명한 결과를 가져오는 것 이상의 무언가를 시도하는 일은 충분히 의미 있다고 믿는다."

주식 투자의 목적은 그저 돈을 버는 것이 아니다. 주식 투자가 성공과 실패의 원인이 되면 가족은 그 결과에 귀속된다. 당신의, 나아가 가족의 행복을 얻기 위한 것임을 명심하라. 당신의 가족은 언제나 당신을 지켜보고 있음을 상기하며 투자하라. 그리하면 투자의 기쁨과 가족의 안락함을 동시에 잡을 수 있다.

아내와 아이가 자신의 수익률에 행복하리라는 착각은 버려라.